子どもたちへのまなざし

心情を想像し合い
積み重ねてきた日常
切れ目のない関係性

NPO法人
ゆめ・まち・ねっと代表
渡部達也 著

まえがき

「たつやくん、山口百恵と桜田淳子、どっちが好き?」

小学校からの帰り道、ボクは同級生のイヨちゃんから声を掛けられた。

そのことに、ちょっとドギマギしながら、答えた。

「桜田淳子」

イヨちゃんはクラスみんなからいじめられたり、馬鹿にされたりしている存在だった。

ドギマギの理由は、そんなイヨちゃんとしゃべっている姿を同級生に見られたくないと思ったからだ。

「ありがとう」

イヨちゃんはそう言うと、足早に立ち去った。

翌日の帰り道、イヨちゃんがまたボクに追い付いてきた。

「はい、これあげる」

桜田淳子の下敷きだった。

戸惑っているボクを見透かすかのようにイヨちゃんが言った。

「たつやくんは、ワタシのこと、いじめなかったから」

そう言うと、イヨちゃんはまた、足早に去っていった。

その翌日からイヨちゃんの姿は学校になかった。

小学校3年生のときの出来事です。お別れ会などは開かれませんでした。担任の先生がイヨちゃんの転校について話すこともありませんでした。今になって思うとイヨちゃんには、明らかな知的遅れがありました。養護学校（当時）に転校したのか、どこか施設に入所したのか。それとも単純な引っ越しによる転校だったのか。

いずれにしても、ボクには、桜田淳子の下敷きをもらう資格なんてありませんでした。父から「弱い者いじめはするな」とことあるごとに諭されてきたボクは、イヨちゃんをいじめはしませんでした。でも、いじめなかったというだけで、いじめを止めようとはしませんでした。見て見ぬふりをしていたボクがもらった桜田淳子の下敷きは、いつまでも心に棘のように刺さっています。

「たっちゃん、理科の自由研究、これで、共同研究にさせて」

夏休みが終わろうとしていたころ、三人の同級生が５００円札を握りしめてやってきた。

中学校の夏休みの宿題のひとつが理科の自由研究だった。研究は個人でも共同でもよく、宿題が手つかずの三人が「謝礼」で頼み込んできたのだ。

「お金はいらないからさ、オレの研究を一日で覚えなよ。そしたら、共同研究者にしてあげるから」

学校では、当時流行っていた長ラン・ボンタンに身を包んでいた三人は、子どものころによく遊んだ幼馴染だった。中学生になると三人は校内テストワースト10の常連で、ボクはベスト10の常連だった。そんなボクも中ラン・ツータックという違反制服を着用していたので、三人とは相変わらず仲良しだった。

「よーし、覚えるか」

三人が気合いを入れて、上がり込んでくる。

ボクの自由研究は微生物の観察だった。実験水槽の中にどんな微生物が確認されるか夏休み中、観察した結果を模造紙にまとめあげていた。

「草履みたいのがゾウリムシね、覚えた」

「ミトコンドリアに、ケイソウ。ケイソウ…、ケイソウ…、オッケー」

「アオミドロとミカヅキモ、間違えそうだなぁ」

途中で母が出してくれた手づくり蒸しパンを四人で頬張りながら「特訓」をした。


夏休みが明けて、自由研究の発表会がありました。研究成果をほとんど三人に喋ってもらうことにしました。三人とも得意げに発表する姿がなんとも微笑ましかったです。「ボクら」の自由研究は金賞をもらいました。三人は、はしゃぐように大喜びをしました。今になって思うと、金賞が取れたのは、他の生徒の研究より優れていたわけではなく、三人が頑張ったことへの先生からのご褒美だったのではないかと思います。そして…きっと先生は、研究をボクひとりでやったこともお見通しだったかもしれません。

中学を卒業すると三人のうち二人は働き出しました。高校へ進学したもうひとりも

1年生の途中で退学をしました。進学校に通うようになったボクは、その後の三人の消息を風の便りに聞く程度になりました。少年院に入ったらしいとか警察に捕まったらしいとかそんな話でした。そんな便りを聞いても何もすることはできませんでした。毎年、夏休みがきて、自由研究の話題を子どもたちから聞くと、あの三人はどこで何をしているんだろうと切なく思います。

僕は今、子ども・若者の居場所づくりに取り組んでいます。あのころのイヨちゃんのような子に時々、出会います。あの頃の三人のような子にも時々、出会います。この本ではそんな子どもたちと共にしてきた日々を中心に綴りました。

生きづらさを抱えた子どもたちとの出会いと重ねた何気ない日常。そんな17年間の日々は、愛妻・美樹を相棒にしての二人三脚の日々でした。この本でも触れていますが、まさに運動会種目の二人三脚のようにつまずいたり、転んだり、立ち止まったり。そんな日々を書籍化することに逡巡して、出版のお話をいただいてから随分と月日が経ってしまいました。

それでもこうして出版に至ったのは、こんな二人三脚の実践だからこそ、居場所づくりをされている方や遊び場づくりに取り組もうとされている方、こども食堂を立ち上げようとされている方などに少しは参考にしていただけるのではないかと思ったからです。

同時に、生きづらさを抱えた子ども・若者の声を代弁したいという思いも書籍化作業を後押ししてくれました。もちろん、この本に綴ったことが当の子ども・若者からは「伝えたかったのはそこじゃないんだよなぁ」と指摘されるかもしれません。それでも、僕なりに子ども・若者の思いを文字にしてみたつもりです。教育や保育、あるいは児童福祉、若者支援に携わる大人やそうした職業を志す学生に届くといいなと思います。

17年間の実践に大きな指針を与えてくれた方が二人います。ひとりは児童精神科医の佐々木正美先生。4年前に他界されましたが、その教えは今でも活動の根幹をなしています。本書の題名『子どもたちへのまなざし』は、たくさんの方に今なお愛読され続けている佐々木先生の名著『子どもへのまなざし』(福音館書店)への敬意から付けさせていただきました。佐々木先生は、お呼びした講演会でこうおっしゃいました。

「子どもにとって、熱心で無理解な大人は最悪です。不適応と呼ばれる行動を示す子どものそばには、いつも熱心で無理解な大人がいます」

今日のあの子への声掛けはどうだったかなぁ、あの若者との関わりはあれでよかったかなぁとふりかえるとき、いつも、(佐々木先生、僕は今、熱心で無理解な大人になっていませんか?)、そう、問い掛けています。

もうひとりは同じく児童精神科医の田中康雄先生。著書にも記されていますが、やはりお呼びした講演会でこんな言葉をくださいました。

「気遣う人の存在と、関わりのタイミングが『偶然に、あるいは奇跡的に』重なり合うと、驚くような状況が生じるものである」

生きづらさを抱えた子どもたちと地域の中で共に生きることの意味を教えてくださった田中先生のこの言葉もまた、活動の羅針盤となっています。二人三脚ですから大きなことはしてあげられません。それでも「気遣い人」ではあり続けたいと思っています。

この本では、折に触れて、そんなお二人からの教えとそれに基づく実践についても記しました。教えを正しく理解しているかは甚だ怪しいのですが、お読みいただいた方が佐々木先生や田中先生の著書を手にするきっかけになったら幸いです。

この本で描いた子ども・若者はどれも創作です。活動の中で出会った子ども・若者の逸話をいくつもつなぎ合わせて、ひとつの物語として再構築しています。でも、どこかで見聞しただけの話は入れていません。創作ではあるけれど、僕と妻が目の当たりにしたり、聞かされたりした事実を綴っています。

この本を手にしていただき、ありがとうございます。

イヨちゃんが「たつやくん、それ、ワタシにもしてほしかったな」と言ってくれるだろうか。あの三人が「たっちゃん、あのあと、オレたちもそういう日々を送りたかったよ」と言ってくれるだろうか。まだまだ試行錯誤を続けたいと思います。

目次

第3章

冒険遊び場たごっこパーク

2004年12月～。田子の浦港に近い公園と川で隔週土日に開催。参加費無料、親の申し込み不要、プログラムはなく、タイムスケジュールもなし。焚き火、木登り、廃材工作、泥遊び、川遊び…。土手から豪快に川へ飛び込むことも。子どもたちが生き生きと遊び、若者たちの居場所にもなっている。

子どものたまり場おもしろ荘

２０１１年３月〜。旧東海道沿いの空き店舗を借り、放課後の子どもたちが自由に過ごせる居場所に。こちらも参加費無料、親の申し込み不要。ボードゲーム、カードゲーム、卓球台、マンガなどが楽しめ、駄菓子を買うこともできる。夜は就労後の若者の居場所にもなっている。

０円こども食堂

２０１５年３月〜。おもしろ荘で週１回、こども食堂を開催。放課後は子どもたちが、夜は若者たちが集い、無料で食事をし、遊んだり、おしゃべりしたりしていく。多くの事業者や個人から食事提供を受けている。

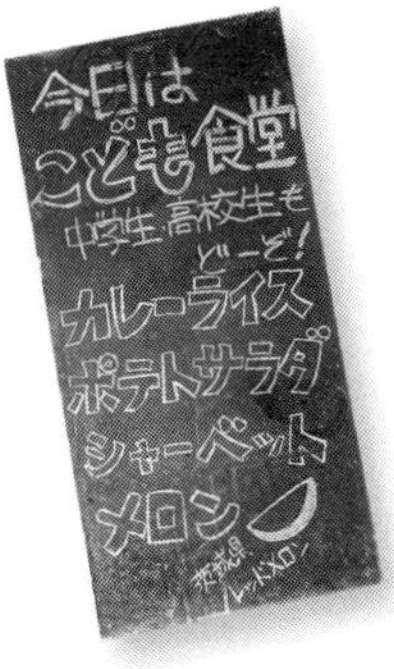

個別学舎寺子屋

2006年10月〜。それぞれの学力や進路希望に合わせた学びの場を提供。個別の時間を過ごせるので、抱える生きづらさが語られることもある。

子育て勉強会ワンコインゼミ

2011年5月〜。毎月2〜3回、スタッフが参加した子育て関連の講演会の報告や本書に登場する児童精神科医・佐々木正美先生や田中康雄先生の著書の読書会などを重ねている。参加費500円だが、非課税世帯は無料。

第1章
今の子どもたちに何が必要なのか

子どもたちとの関わりの中で

特別支援学校中学部に所属するショウタが幼児たちの遊び相手をしています。ショウタが「だ・る・ま・さ・ん・が・こ・ろ・ん・だ」と言い切ったあとも、幼児たちはわざと、動きを止めません。「ダメだよ、動いちゃ〜。反則っ！」と笑顔いっぱいで抗議するショウタ。そんなショウタの態度に幼児たちも笑い転げます。

知的障碍があるということで特別支援学校に通うショウタ。平日は、放課後デイサービスも利用。常に「専門機関」での「特別な支援」を受けています。けれど、取材に訪れた新聞記者に「1週間、我慢して通ってるんだ」と打ち明けています。そして、週末の「冒険遊び場たごっこパーク」が元気を取り戻すための居場所になっていると語っています。

「たごっこパーク」は障碍児支援機関ではありません。そして、常駐スタッフである僕と妻は、障碍児支援の専門家ではありません。それなのになぜ、ショウタはここを居場所だと言うのでしょう。きっと、ここにはたくさんの「支援者」がいるからでしょう。ショウタのことが大好きな幼児たちこそ「支援者」なのです。

「支援」を前提とした関係性は、支援する側とされる側を生み出します。そのとき、支援する側は良かれと思って、される側の足りない部分を補おうとします。学習支援の場合だと「ツバサくんは書き取りが苦手だから教えてあげるね」「ユイちゃんは計算問題が弱いから教えてあげるね」となるのです。そんな支援される側の子どもたちは、生活面でも絶えず苦手、弱点、短所を指摘され、その改善を求められています。「ツバサくん、書き取りノートはちゃんとしまおうね」「ユイちゃん、計算ドリルに落書きしちゃダメだよ」と。そして、子どもたちはつぶやきます。「どうせボクなんか…」「どうせワタシなんか…」。

「あなたのための支援」は、ときに子どもたちを孤立無援な状況に追い込みます。「支援者」に求められるのは、障碍のある子にも必ずある持ち味を見出すことです。苦手、弱点、短所を指摘し改善を求めるのではなく、得意、利点、長所を見出し、そこに光を当てることです。「たごっこパーク」の幼児たちは、それをものの見事にやっているわけです。

優しさ、明るさ、活発さ、笑顔。ショウタのそんな持ち味を幼児たちは慕い、懐き、頼りにすることで最大限に引き出してくれています。一見、ショウタが幼児たちの遊び相手という「子育て支援」的な役割を果たしているようで、同時に幼児たちが障碍のあるショウタの活躍の場を作るという「障碍児支援」をしているわけです。もちろん、お互いにそんな「支援」をしているつもりはまったくないでしょうけど。

そんな支援する側・される側ではない自然体の関係性を見ていると、ふと、「支援され続ける」というのも案外、しんどいのかもしれないなと思ったりするのです。自分の持ち味を生かして、誰かを喜ばせたり、助けたり、笑顔にすること。そこに人は生きがいを感じるのではないでしょうか。

切れ目のない支援

「部活がなかったから、小学校行って、鉄棒で遊んでたらね、『卒業した生徒たちは勝手に入るな!』って、知らない先生にメチャ怒られたんだよ」

女子中学生が「母校」の、でも見知らぬ先生に怒られたことを不満げに報告してきました。別の女子中学生はこんな話をしてきました。

「部活やってたらね、フェンスの外から他の中学の子たちが『ケンタくんたちいる?』って声掛けてきたから、『テニス部だからグランドの向こう側だよ』って答えてたら、先生に『他校の生徒と話をするな!』って、すごく怒られちゃった」

実はこれ、今は成人している僕の娘たちの話で、前者は次女が、後者は長女が、中学生のときに話してくれたものです。よく、自治体の子育て支援計画で、「地域の子どもは地域で育てよう」とか「切れ目のない支援を」「境目のない支援を」といった理念を目にしますよね。そのとおりだと思うのですが、残念ながら、「お題目」に過ぎないと思うことにしばしば遭遇します。

次女の逸話は、「切れ目のない支援」について考えさせられます。「0歳から18歳まで切れ目のない子育て支援をします」とは言うものの、それは、それぞれの年代に応じた制度や施設がありますというだけのこと。

つい半年前に自分が卒業した小学校の校庭に遊びに行った。卒業した学校だけど、在校時にはいなかった教員が近づいてきた。そして、この小学校の校庭で遊べるのは在籍児童だけだと「排除」する。「母校」なんて言葉が死語になっていますよね。

12歳まで通える「小学校」という制度がある。13歳から通える「中学校」という制度がある。だから、支援に切れ目がありませんと謳う。けれど、この逸話はまさに「制度の切れ目が縁の切れ目」ということを強く感じさせます。

小学校の卒業のときに、担任教員は子どもたちに言います。「いつでも訪ねてきてね」と。数年して訪ねていくと異動でいない。先の場面、もし、次女たちを見つけたのが見知らぬ教員ではなく、元担任教員だったら、「わぁ、みんな元気にしてた？鉄棒が随分、低く感じるでしょ？（笑）」なんて声を掛けてくれたのかもしれません。

切れ目のある支援

広汎性発達障碍という診断を受けているハヤトのお母さんはこんな話をしてくれました。

「ハヤトはね、市の3歳児検診で発達の偏りがあるからって、療育センターに通わされてたの。でも、小学校で入学前検査みたいなことあるでしょ? あれで、療育センターのこと、聞かれなかったから、私も何にも言わなかったんだよね。そしたら普通学級でね。まぁ、私も家ではハヤトのことで困ってることがそんなになかったもんだから、まぁいいやって。でも、同じ市の機関なのに、療育センターから小学校に何も伝えられてないんだね」

この話をハヤトのお母さんが僕らにしてくれたのは、小学校3年生になって、集団行動の苦手さや学力の偏りが顕著になってきたことを担任教員に指摘されたときでした。担任教員からはこう言われたそうです。

「ハヤトくん、もう普通学級では無理です。夏休みに一度、医療機関を受診してみてください。何か診断が付くんじゃないかと思うので」

ハヤトのお母さんも担任教員の指摘とは別の意味で、この学級では息子はもう無理かなと思っていたそうです。朝になるとお腹が痛い、頭が痛いと訴えて、行き渋ることが多くなっていたからです。その理由をなかなか語らなかったハヤトがお母さんにこんな話をしてくれたそうです。

「ボク、大人になったら、ホームレスになるの?」

「なんでそう思うの?」

「先生が『係の仕事をちゃんとできない子は、将来、ホームレスになるよ』って言ったから」

脅しのような言い方で子どもたちを正そうとする担任教員。こんなに人権意識の低い事例を出すような教員のもとでは、ハヤトのような繊細な子は、楽しい学校生活を送れないだろうとお母さんは思ったのです。

病院受診の結果、広汎性発達障碍という診断がおりました。それを受けて、特別支援学級への移籍が決まりました。普通学級より支援学級の方がハヤトの持ち味が生きるからという理由ではありません。担任教員の見立ての「普通学級では無理だから」が裏付けられたという理由でした。ハヤトの在籍校には、支援学級がなかったため、それがある別の小学校に転校することになりました。この支援学級への移籍を伴う転校に際しても、それまでの在籍校での様子は伝えられなかったんじゃないかとお母さんは考えています。ハヤトの特性に配慮した受け入れ態勢になっているように感じられなかったからです。

「特別支援」とは名ばかり。公教育が好きな「一律・一斉・集団が美しい」という価値観が支援学級にも持ち込まれていました。授業参観に合わせて、2分の1成人式という催しが企画されました。20歳の半分、10歳をふりかえり、将来の夢を発表するというものです。自閉スペクトラム症などの子どもたちの中には、学校行事が苦手という子も少なくないと言われているのに、なぜ、こんな行事が企画されたのでしょうか。

広汎性発達障碍と診断されたハヤトにとっても、障壁の高い行事でした。おしゃべり好きではありましたが、人前で大きな声で発表するというのは大の苦手。加えて、お母さんもハヤト自身も積極的にふりかえりたくなるような10年間ではありませんでした。

練習のある日に行き渋るようになり、とうとう本番は欠席しました。お母さんとしてはそれでも、ハヤトが重圧から解放されて良かったと思っていました。しかし、担任教員は結局、別の日に抜き打ち的にハヤトの発表の機会を作り、悦に入っていたそうです。案の定、それを機にハヤトの足はさらに学校から遠のき、完全な不登校となりました。

しばらくは平日、民間の療育機関に足を運びつつ、週末は僕らが開く「たごっこパーク」に来ていました。しかし、生真面目なハヤトは、「学校に行けていないボクが遊び場なんかに行ってはダメだ」と思うようになり、来なくなりました。ほどなくして、民間療育機関にも行かなくなり、「ひきこもりのような生活になっている」

とお母さんは途方に暮れます。

今はお母さんだけがそれでも欠かさず、「たごっこパーク」の開催日に足を運んできます。焚き火にあたりながら、僕の妻に、ハヤトの近況を伝えます。妻は一緒に悩みながら、ハヤトの今の心情を理解しようと、お母さんとのおしゃべりを重ねています。

地域の人たち向けに開催している「子育て勉強会ワンコインゼミ」にも皆出席です。そのゼミの取材に来た新聞記者にお母さんは、「ここがなかったら、ハヤトと一緒に死んでたんじゃないかと思う」と心境を語ってくれました。

「切れ目のある支援」。次女の逸話の事例は、それでも次女のその後の生活になんら影響を及ぼしませんでした。しかし、ハヤトの事例では、「切れ目」が結果として課題の先送りにつながったり、事態の悪化を招いたりしました。不登校が長期化した今、「学校は何も支援してくれない」とお母さんは嘆きます。

ひとりの子どもがこういう状態になっても、その子の育ちに関わったどの機関も責任を負わず、お母さんだけがひとりで問題を背負い込み、抱えきれずに塞ぎ込むという例にしばしば出会います。

境目のない支援

長女の逸話では、「境目のない支援」について考えさせられます。フェンスという境目、そして他校という境目。長女から数メートル先にいる同じ市内の中学生なのに、教員は関わりを持とうとしない。「私の仕事は勤務時間中に、このフェンスの内側にいる中学生を『教育』することだ」と考えているかのようです。

他校の中学生がやってきて、自校の生徒と話をしている。他校でも部活をやっているだろう時間。部活に参加してないのか、そもそも学校に行ってないのか。ちょっと気になる。「こんにちは。僕らは何中の生徒だい？」「そぉ、○○中かい。今日は部活がなかったのかい？」「そぉかぁ、学校に行ってないのかぁ。何か嫌なことでもあるのかい？」。教員がそんな声掛けをしてくれたらよかったのにと思います。

実際に部活を抜け出してきたのか、そもそも学校に行っていなかったのか、それとも、単純にその日の○○中の下校時間が早かったのかはわかりません。でも、「境目」を設けずに他校の生徒にも接することで、少なくとも、長女たちが教員という大人は、地域のすべての子どもたちの育ちを応援する人なんだと信頼することにはつながったかもしれません。

境目のないつながり

「これ、フィリピンにいたとき、食べたことある」

僕らが開く「おもしろ荘0円こども食堂」にやってきた小学生のシュンが言います。

「ボクのお母さんも時々、作ってくれる」

同様にフィリピンにルーツを持つ小学生のタクミが呼応します。

「ベトナムでもこういう料理、あるのかなぁ?」

幼児二人と参加したお母さんが会話に参加します。お父さんの仕事の関係で、間もなく家族でベトナムに転居するのです。

「ほぉ、ベトナムねぇ」

関心があるのかないのかわかりにくい抑揚のない口調で、季節外れのハロウィーンの仮面を被った20代のユウキがつぶやきます。ユウキと10年以上の付き合いになる僕には、とても関心のあるときの口調だとわかります。

「ぶふぉぉぉっぐほっ」

「わぁぁぁ、なんか吐いたよぉぉ(笑)」

気管切開をしている中学生のタカヒロがむせ返る様子を知的障碍のある高校生の

ケイタが屈託のない笑顔で描写します。

「これ、ラブライブのステッカーです。あげますです」

タカヒロのお母さんとボランティアスタッフが慌てて後始末を始める中、そんな状況には何の関心もありませんという風情で仕事帰りのリョウが人気アニメのステッカーを僕にくれました。自閉スペクトラム症の診断を受けているリョウはいつもそんな感じです。

「なんか賑わってんね？」

長い髪を金色に染めたヒトミが顔を出します。

「食べてく？」

「ん～チューハイだけ、もらうわ（笑）」

「じゃあ、成人式のお祝いで付き合うかな（笑）」

「あはは（笑）たっちゃん、飲みたいだけでしょ」

数日前、ヒトミのSNSには、こんな投稿がされていました。

『辛い　泣きたい　苦しい　死にたい　誰でもいいから助けてください。もう、限界です。』

みんな、境目のない「こども食堂」にようこそ。

「こども食堂」は2015年3月に開設。毎週1回、平日の放課後に開いている。

「ボクがおさえててあげるよ」

ある日、長い付き合いとなった若者たちがNPOの所有車を洗ってくれました。脚立に乗って洗車をしているトモヤのことをチラチラと見ていたのは幼児のユウキ。大きな木の枝に括りつけた手づくりタイヤブランコで遊んでいましたが、トモヤのへっぴり腰が心配で仕方がない様子。トモヤがふらついて、「わっ、あぶねぇ」と声を上げると、ユウキはさっと駆け寄って、脚立を押さえてあげていました。

さらに若者たちが洗車をしていると、幼児のカホが寄ってきました。「ワタシもてつだうよ」と拭き上げ作業をお手伝いし始めました。若者たちは「ありがとう。でも濡れちゃうよ」、なんて気遣いながらも小さな援軍の出現が嬉しそうでした。

「たごっこパーク」には、遊びのプログラムがありません。プログラムがあると、子どもたちの主体性を奪い、創造性や協調性を育む機会を阻むからです。大人が用意したプログラム、しかもそこに込めた大人側の思惑のもとではなく、自由な発想で遊んでほしいのです。だから、ときには、遊びの延長でこんな洗車作業が始まったりもします。

参加年齢制限がないのも「たごっこパーク」の特徴。子ども会や子育て支援活動に中高生が参加する場合は、「ボランティア」という立場になるのを見かけます。また、中高生を限定対象としたイベントやワークショップに出会うこともあります。「たごっこパーク」は、そのどちらでもありません。だからおもしろいのが、前述のように若者たちだけで過ごしているところに、幼児や小学生が絡むような場面が自然と生まれることです。

洗車に精を出してくれていたトモヤは、過日、コンビニのアルバイトをクビになっていました。原因は、商品の袋詰めが遅いと指摘してきた客に、カッとなって、防犯用カラーボールを投げ、命中させてしまったからです。そんなトモヤたちが始めた洗車作業は、ボランティア活動なんて意識はなかったでしょう。遊んでいる中で、なんとなく盛り上がり、「ゆめ・まち・ねっとの車を洗ってやろうぜ」というノリになったのでしょう。そして、若者たちが楽しそうに洗車をしていたから、幼児も参加したくなったのでしょう。脚立を支えてくれたり、拭き上げに加わってくれたり。若者は幼児たちのことを気遣いつつ、柔らかな笑顔を見せていました。

ここでもやはり、幼児の存在によって、若者が本来持っている優しさが引き出されています。「反社会的」、そんなレッテルを貼られることが多い若者たちに対し、幼児は負の先入観を持ち込まないからこそ生まれる自然体の支援。いえ、支援というよりはまさに共生です。法律や条例に基づく制度の中で作られる支援する側・される側という関係性ではなく、何気ない日常を共に生きる中で生まれる関係性。「支援」ということのあり様を教えられる気がします。

第2章
NPO法人ゆめ・まち・ねっと

子どもたちに自由な遊び環境を

2004年、僕は16年余り勤めた静岡県庁を中途退職しました。そして、妻や仲間の協力を得て、「NPO法人ゆめ・まち・ねっと」を設立。動機は行政ではできない地域づくりに取り組むことでした。

基本的に行政は多くの市民が望んでいること、あるいは大きな団体が要望していることを施策化します。しかし、行政に身を置く中で、地域には少ないけれど、小さいけれど、大切な要望があると感じるようになりました。そんな要望に手を差し伸べられたらと、市民活動者に転身しました。

手始めに取り組んだのは、子どもたちが自由に遊べる環境の提供でした。行政の取り組みの中で足りないもののひとつが子どもの遊び場づくりだと感じていたからです。行政による子ども支援というと教育と福祉が中心です。でも、子どもが育つために何よりも必要なものは、「外遊び」だろうと感じていました。昭和の時代に子ども期を過ごした僕と妻にとって、「外遊び」は生活の中心でした。そして、そこで多くのものを学んだとも実感していました。けれど、我が子たちの世代になると、子どもが外で群れて自由に遊ぶということが当たり前ではなくなっていました。そのことに危機感を覚えたのです。

また、僕が県庁職員として児童相談所ケースワーカーや県立富士山こどもの国の開園スタッフをしていたこと、妻が看護師として重度心身障碍児施設などにも勤務していたことも影響しました。そのことは第4章で触れてみたいと思います。

２００４年12月から始めた「冒険遊び場たごっこパーク」と並行して、２００５年4月から08年10月まで、「放課後ガキンチョ団」という学童保育型の活動をしていました。きっかけは、近隣の学童保育（児童クラブ）の子ども本位ではない活動の実態を知ったことでした。学童保育に所属する子どもたちは、指導員からあれはするな、これはダメだ、それをしなさいと文字通り「指導」されてばかりという現状が見えてきました。子育て支援とは名ばかり、安心・安全なお預かりが主旨となり、単に親のための就業支援施設にしかなっていないと感じました。子育て支援は何よりも子どものためにあるべきじゃないのかと思ったのです。

そこで「放課後ガキンチョ団」では、子どもたちがハチャメチャな遊びの時間を満喫できるようにしました。川でザリガニを捕り、田んぼでおたまじゃくしを捕まえ、浜で焼き芋をして放課後を過ごしました。そんな子どもたちを眺めている時間は最高に楽しかったです。

でも、親が迎えに来る時間は辛かったです。仕事を終えて迎えに来る親は、その日の子どもたちの遊びに関心がないのです。僕らが「今日はこんなところへ行って遊んだんですよ」という報告をしても、親たちはあまり関心を示さず、我が子に早く帰り支度をするように急かします。ある日、小学2年生のレイラが悲しそうな顔でつぶやきました。

「私、一日の中でお母さんが迎えに来る時間が一番嫌い」

レイラは、こんなことも話してくれました。みんなで早春の川へ遊びに行き、つくしをたくさん採ってきた日のことです。妻の手ほどきのもと、みんなでつくしの佃煮を作り、食べました。レイラは「お母さんにも食べさせてあげる」とビニール袋に佃煮を入れ、持ち帰りました。翌日、レイラから母に佃煮を作るまでの経緯をお話しようとしたけれど、途中で遮られ、「何、この汚いのは」と佃煮をゴミ箱に捨てられたそうです。

子どもが既存の学童保育では味わえない、とびっきりの放課後を過ごせば、親の意識も変わるだろうというのは幻想に過ぎなかったのか。「子育て」を支援するのではなく、「子育ち」を応援しようという試みのはずだったけど、僕らはいったい誰の何を支援しているのだろうか。そんな揺らぎを重ねる日々が続き、「放課後ガキンチョ団」を閉じることにしました。

そして、参加費無料、親の申し込み不要の子どもの居場所づくりに力点を置くようになりました。それが「冒険遊び場たごっこパーク」です。その愛称の由来である田子の浦港に近い公園と川で隔週末に開催しています。今や公園には火遊び禁止、ボール遊び禁止、自転車乗り入れ禁止といった看板が並びます。僕らが子ども時代に生き生きと遊んだ川も林も森も子どもだけで遊ぶことが禁止される場所になりました。子どもの密かな遊び場だった空き地や資材置き場は、責任問題の高まりから立入禁止の場所になりました。遊びを奪われた子どもたちは、社会的に豊かに育っていけるのか。遊びを子どもに返そう。そのための手段が「たごっこパーク」という場の提供でした。

「たごっこパーク」では、4メートルもある土手から豪快に川に飛び込む子どもたちの姿があります。焚き火で餅や芋を焼き、ときには釣った魚を焼いて食べます。木登りに興じ、のこぎりやかなづちで廃材工作をしたり、秘密基地を作ったりします。雨天中止なんてありません。雨の日は、泥遊びをしたり、大きな水たまりから川を引いたり、ダムを作ったりして遊びます。焚き火で調理する食材を調達するために、公園から少し離れたところにあるスーパーへリヤカーで出かけることもあります。

子どもたちが大量のペットボトルと廃材で作ったイカダは、川に浮かべた途端に大破しました。それでも子どもたちはめげることなく、改良イカダを作りました。その過程で養われる創造性や協調性。大縄跳びをしていた小学生たちは、そこに高校生が加わってきたときに、回し手が勢いよく縄を回しました。高校生のお兄さんの運動神経の良さを見たかったようです。でも、自閉症の診断を受けている幼児が興味深げに近付いてきたときには、縄をだらんと垂らしました。その子は、一度だけその縄を跨ぐと満足そうな様子で、またいつものひとり遊びに興じていました。

Better a broken
bone than a
broken spirit

臨機応変な遊びの展開の中でこそ培われる社会性。

子どもたちがドラム缶風呂を沸かすために、水汲みや火おこしを役割分担しながら一生懸命になっていました。ベーゴマを回して遊んでいた仲間に声を掛けました。

「おい、お前ばっか、遊んでんなよ」

「そうだよ。あとで、風呂に入れてやらねぇぞ」

実におもしろいと思いました。ドラム缶風呂を沸かそうとしている子どもたちは、自分たちの感覚では遊びではないんですね。こういうときなんですよね。勤勉性が育まれるのは。教員から与えられた宿題や親から与えられた家事をこなすときではないんです。自分たちで目標設定をして、そのために労を厭《いと》わず、一人ひとりが責任や役割を果たそうとする中で勤勉性は育まれるのです。子どもたちは遊びながら、常に響き合い、将来、社会の中で生き生きと暮らすために必要なものを身に付けていきます。

あの〝瞬間〟を奪わないために

そんな子どもたちの遊びを保護者やボランティアが台無しにしないように、遊び場の趣旨を示した看板を公園の入り口に掲げています。

遊びには失敗が付き物です。木に登れない。火が点かない。のこぎりが使えない。だけど遊びは失敗できるからおもしろい。失敗するから「できたっ！」の瞬間が生まれる。

木に登らせてあげる。火を点けてあげる。のこぎりで切ってあげる。泣かないように。やけどをしないように。けがをしないように。それは失敗をしないことと引き換えに「できたっ！」の瞬間を奪うこと。それは遊びの最高におもしろい瞬間を取り上げてしまうこと。

たごっこパークは遊びの最高におもしろい瞬間を子どもたちに手渡そうとする活動です。

「それじゃだめでしょ。」「ほら、こうやりなさい。」「やめなさい。」その言葉を投げ掛ける前に子どもたちの表情をちょっとのぞいてみませんか？

（看板全文）

２００４年に掲げて以来、今もこの文言が色褪せることなく掲げられています。

遊び場の趣旨を示した看板

出会った子どもたち

週末の「たごっこパーク」のほかに、放課後の子どもたちが自由に過ごせる居場所も提供しています。活動開始当初は自宅を「たごっこはうす」と名付け、子どもたちに開放していました。現在は、旧東海道沿いにある空き店舗を借り受け、「子どものたまり場おもしろ荘」と名付け、運営しています。答えを丸写しして宿題を片付ける小学生。駄菓子を食べながらマンガを読む中学生。スマホを片手におしゃべりをする高校生。子どもたちが思い思いに過ごしています。

「たごっこパーク」と「おもしろ荘」には、共通の特徴があります。子どもの生活圏での開催、参加費無料、親の申し込み不要、参加年齢制限なしで、障碍の有無や登校・不登校も問いません。また、流しソーメン大会や光る泥団子づくりといったプログラムもなく、タイムスケジュールもなし。いつ来て、いつ帰ってもよく、遊ぶのも遊ばないのも自由です。

こうした場の提供が、家庭や学校に居場所を見出せない子どもたちとの出会いにつながりました。人里離れたところにある有料野外教育施設は、親が送迎をしてくれたり、野外教育活動団体に申し込んでくれたりしないと利用できません。施設の利用料も必要になりますし、所属団体の会費も必要です。子どもの足で来られる場所に開き、参加費無料にしたことで、生活困窮家庭の子どもや不適切な養育家庭の子どもでも来ることができています。

決められたプログラムがないので、学校や公共施設が好む一律・一斉・集団という行動規範が苦手な子どもにも居心地のいい場所になりました。何十分でこんな形に仕上げましょうといった大人の求める進度で課題に取り組むことが困難な子どもも常連になりました。遊び方は自由なので、独創的な遊びをひとり黙々とやるのが好きな子どもや大人の許容範囲を超えてハチャメチャに遊ぶ子どもが集う場にもなりました。

気遣う人の存在が驚くような状況を生む

「特別な支援」や「社会的養育」が必要だと言われる子ども・若者との出会い…。実は活動開始当初には強く意識していないことでした。でも、自由な外遊びの場や居心地のいい放課後の遊び場が子どもたちの居場所になり得たことで、生きづらさを抱えた子どもたちに次々と出会うことになりました。そのことで、僕らはそこにこそ自分たちの使命があると感じ、そうした子どもたちと日々を重ねることに特化していくことになりました。

生きづらさを抱えた子ども・若者と歩む道すじに羅針盤を与えてくれたひとりに児童精神科医の田中康雄先生がいます。

田中先生は、「気遣う人の存在と、関わりのタイミングが『偶然に、あるいは奇跡的に』重なり合うと、驚くような状況が生じるものである」と述べています（『軽度発達障害―繋がりあって生きる』金剛出版、2008年）。

僕らは活動の中で、不登校児支援、障碍児支援、貧困家庭支援といった看板は掲げていません。そこに特化するほどの専門性を持ち合わせていないことが大きな理由です。でも同時に、「支援」という言葉に「支援する側・される側」という一方通行な関係性を生むような揺らぎを覚えるからでもあります。そんな「○○支援」の看板を掲げていないからこそ、「支援機関」のネットワークから漏れた、生きづらさを抱えた子ども・若者との「偶然な、奇跡的な」出会いがいくつもあるのかもしれません。

2015年3月からは、「おもしろ荘」で「こども食堂」も始めました。「夕食が無料で食べられるよ」というお誘いの中で、まだ出会えていない誰かと出会いたいと思ってのことです。同じく3月、新たな活動拠点も開設しました。田中先生が札幌に開設した「こころとそだちのクリニックむすびめ」から名前をいただいた「子ども若者シェアハウスむすびめ」。開設当初は「偶然な、奇跡的な」出会いをした女の子二人と寝食を共にしていました。今は、「たごっこパーク」や「おもしろ荘」と違い、個別の時間を持ちたい子ども・若者と食事をすることがよくあります。また、「悩み事があるから相談に乗ってほしい」という子ども・若者が来たりもします。僕ら夫婦が里親登録をしていることから、児童相談所からの依頼により社会的養育が必要な子どもの一時保護を受け入れることもあります。

何気ない日常を重ねられる居場所

中高生の居場所づくりに取り組んでいる公的機関の方が「たごっこパーク」の視察に来られたことがあります。10カ所以上の公的機関で中高生の居場所づくりに2年間取り組んだけれど、平均利用人数が一人にも満たないということでした。視察に来られた当日も「たごっこパーク」には、八人の中高生世代がいました。なぜ中高生がこんなに来ているのかと秘訣を聞かれました。僕らも本人たちに聞いたことがないのでわかりませんと前置きした上で、こんなお話をさせていただきました。

中高生の居場所づくりをやった結果、中高生が集う場所になったわけではありません。多くの子は、小学生の頃から来ていて、中高生になっても来続けているだけです。あるいは、そんな子どもたちが中高生になってから友だちになった子を連れてきたりもします。

そして、僕らに何の肩書もないことも要因かもしれません。今、中高生世代の子どもに関わる大人は肩書や資格のある人ばかりです。先生、監督、指導者、支援員、相談員、カウンセラー、ケースワーカー等々。僕ら夫婦は子どもたちから「たっちゃん、みっきぃ」と呼ばれています。時折、取材者が子どもたちに「君にとって、たっちゃん・みっきぃってどんな存在?」と聞くことがあります。子どもたちはいつも戸惑っています。ある子は「えっ? たっちゃん・みっきぃは、たっちゃん・みっきぃだけど」と怪訝そうに答えます。ある子は質問の意図は察しながらも「ん〜先生ではないし、親みたいでもないし、やっぱ、たっちゃん・みっきぃかなぁ」と答えます。

様々な統計数値から子どもたちの生きづらさが垣間見えます。小・中学校における不登校児童生徒数過去最多(2019年度)、全国の児童相談所による児童虐待相談件数過去最多(2019年度)、未成年の自殺死亡率過去最悪(2020年)など。

その軽減策として語られるのはいつも、公的機関を増やす、機能を拡充する、ネットワークを強化する、肩書や資格のある大人を配置するといったものです。でも、子どもたちが求めているのは、自分の育ちを気遣ってくれる「固有名詞」のおにいちゃん、おねえちゃん、おっちゃん、おばちゃんの存在なのではないでしょうか。「あのね、コウゾウにいちゃん」、「アッコねえちゃん、聞いてくれる」、「たっちゃん、今日、学校でさぁ」、「みっきぃ、うちの親がね」、そう話し掛けたくなる大人と出会い、何気ない日常を重ねられる居場所こそ、増やしていきたいものです。

第3章 積み重ねてきた子どもたちとの日常

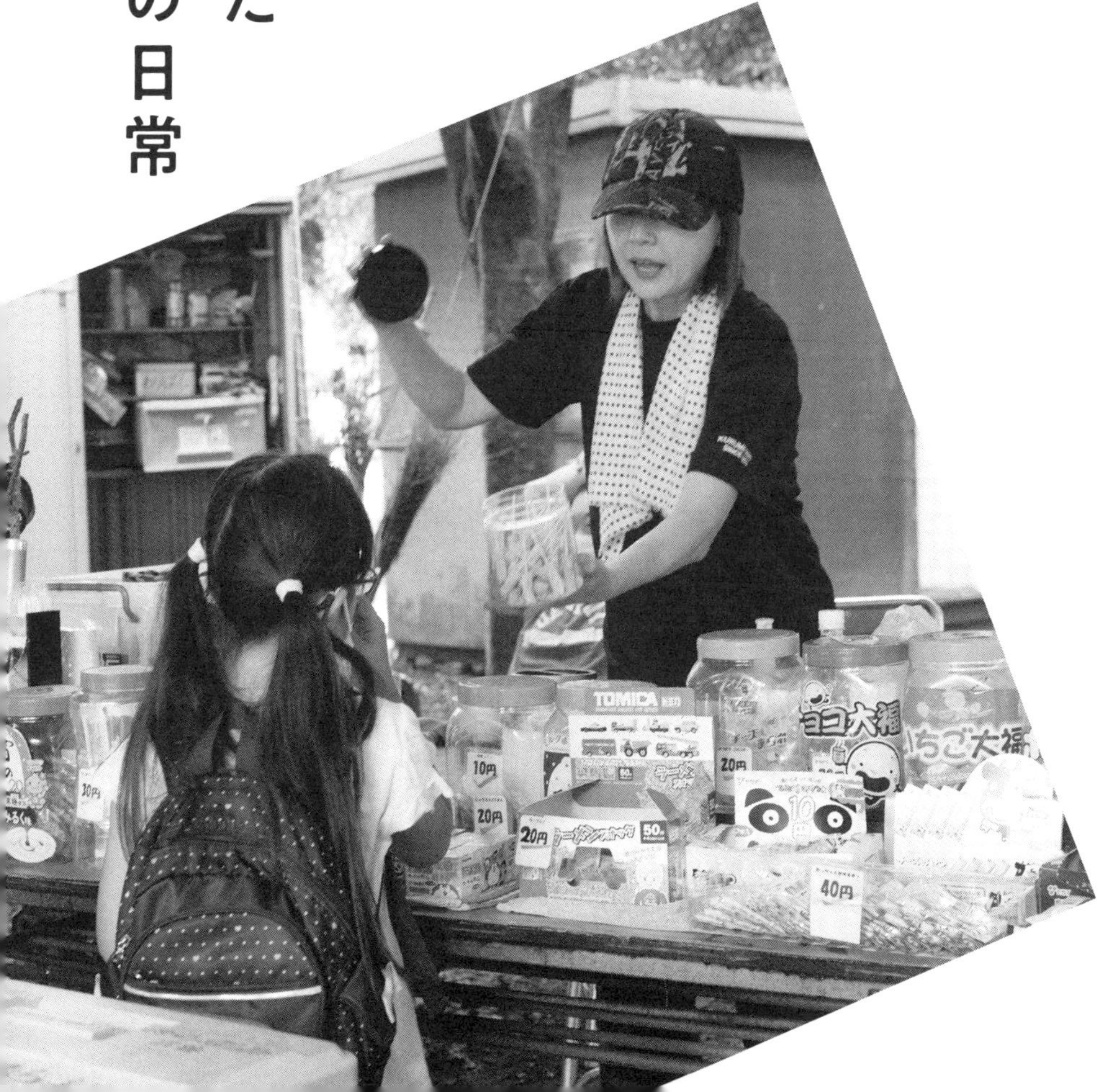

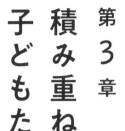

ハチャメチャなユウとの希望の再会

「たっちゃん（筆者）、こんにちは」

「たごっこパーク」開催中に、見慣れない若者が来て、挨拶をしてくれました。（誰？）という表情が僕の顔に出ていたのでしょう。すぐに「覚えてますか？　ユウです」と名乗ってニコッと笑いました。面影たっぷりの笑顔に7年前の記憶が鮮明に蘇りました。

「わぁ、ユウかぁ、わからなかったよぉ」

妻と折に触れては、「ユウってどうしてるだろうねぇ」と気に掛けていました。小学2年生から5年生まで、「たごっこパーク」にもキャンプや長距離サイクリングにも必ず参加していたユウ。「ハチャメチャ」という言葉はユウのためにあると思えるような子どもでした。地域の子どもたちに自由奔放に遊んでほしいと願い、「たごっこパーク」を開いた僕らにとって、遊びを広げてくれる欠かせない存在になっていきました。そんなユウでしたが、7年前にお父さんの転勤で遠方に引っ越したのでした。

「たごっこパーク」では、子どもたちが4メートルの高さの土手から川に飛び込んで遊びます。ユウも得意でした。あるとき、プールの飛び込みのように頭から飛び込みました。躊躇《ためら》いもなく、真っ直ぐに手足を伸ばして。一回転しながら飛び込む子は何人もいますが、人間ロケットのような飛び込みをしたのは、いまだにユウだけです。「たごっこパーク」で冬でも川遊びを楽しんでいたユウは、真冬のキャンプで訪れた湖の底に500円玉らしきものを発見し、迷わず入水しました。

「なんだぁ〜！　みっきぃ（筆者妻）、パチンコのコインだったよぉ！」

残念そうにコインを掲げるユウはすっぽんぽん。みんなを爆笑の渦に巻き込みます。

キャンプの夜、焚き火を囲んでいたら、ユウが僕ら夫婦にクイズを出してきました。

「ボクね、1年に何回か、お母さんに怒られない日があるんだけど、いつかわかる？」

「ん〜誕生日っ！」

「ブーーー！」

「クリスマスっ！」

「ハズレっ！」

降参する僕らにユウが正解を告げました。

「正解はキャンプに来てる日っ！」

これには三人で大笑い。お母さんと一緒に過ごさない日だけが、怒られない日だと言うのです。お母さんは、僕らの活動にとても協力的で、活動のボランティアもしてくれていました。頼み事をいつもお願いしたこと以上の完璧さでこなしてくれ

ました。それゆえに、自分とは正反対でハチャメチャなユウにイライラし、怒りたくなる気持ちもわからなくはありません。学校でもとにかく怒られてばかりだとお母さんは嘆いていました。

転居から7年の歳月が流れ、再会しに来てくれたユウは、身体がぐんと大きくなっていました。そして、丁寧な言葉遣いができる若者になっていました。

「ここを離れてからも、いつも、たごっこパークのことを思い浮かべていました。自分にとって、本当に特別な場所だったんだと、中高生になって、改めて感じました」

なんとも嬉しいことを伝えてくれました。そして、有名私大へ進学することを報告してくれました。

「〇〇大で何を学ぶの?」

「はい、宇宙工学を学びます」

「マジで!?」

「人間ロケットだったユウが宇宙工学とはねぇ」

あのときのように、三人で大笑いしました。

「本能任せ」の陰に見えたもの

「オレさぁ、弟と妹ができるんだよね」

「たごっこパーク」で小学生のシンゴが嬉しそうに話します。「双子なの?」と尋ねると「ちゃう、ちゃう、ちゃう!」と首をぶんぶん横に振ります。(どういうこと?)という表情を感じたのかシンゴが続けます。

「オレの離婚したお父さんとお母さん、どっちも赤ちゃんが生まれるんだ」

シンゴは離婚したお父さんとお母さんの間で二重生活を送っています。平日は途上国籍のお母さんと同じ国籍の再婚相手である義父と暮らし、そこから学校に通っています。週末になると祖父母もいるお父さんの元へ。そこには新しい「ママ」がいます。

「オレ、ママはちょっと苦手なんだ」

シンゴは最後にそうつぶやいて、遊ぶ仲間たちの輪に戻っていきました。

僕はよく、「たごっこパーク」での遊びを人気アイドルグループと掛けて、「遊びの醍醐味はAKBにある」と説明します。「A＝あぶない、K＝きたない、B＝ばかばかしい」。

「AKBの申し子」、それがシンゴの第一印象でした。廃材で大きなイカダを作り、真冬の川に漕《こ》ぎ出す。あっという間に沈んでも、翌日、めげずに改良型を作る。残念ながらまた沈没。その後は、濡れて冷えた身体をドラム缶風呂で温め、満面の笑み。（この子が来続けてくれたら、遊び場が盛り上がりそうだなぁ）。そう思わせてくれる子どもらしい子どもに見えました。

けれど、シンゴが常連となるにつれ、第一印象とは違う面が見えてきました。参加費無料で、活動に共感する人の募金で支えられた運営。そんなことに最も無頓着かと思いきや、時折、小遣いからカンパ箱に募金を入れてくれました。「子どもはいいんだよ」と伝えると、「だって、オレ、ここがずっと続いてほしいからさ」と笑顔で答えてくれます。

子どもらしい本能に任せて次から次へと遊び込んでいるように見えて、仲間の誰よりも大人の目を気にしているようでもありました。屈託なく誰とでも仲良くなるけれど、大人が見ていないと思える場面では、誰かを排除して遊ぼうとしたりしていました。排除された子がそのことを大人に訴えると、「いや、今は無理って言っただけで、順番にやるつもりだったんだ」と慌てて取り繕ったりします。

こうしたシンゴの特性は、その複雑な家庭環境の中での育ちに原因を求められるかもしれません。また、何かしらの生来の発達上の特質がある可能性も否定できません。一方で、それがわからないままでも構わないと思って日々を重ねていきました。気になる特性があるから、それを改善してやろうと過度に踏み込むと、シンゴとの関係性が「支援する側・される側」という一方通行の上下関係になりかねないからです。

大切なのはシンゴの持ち味である「AKB」な遊びを見守り続けること。そして、一日の終わりに、「またね」と笑顔で別れる関係性を築くこと。その関係性をシンゴが何か困ったことがあったときに使ってくれたらいいと思っています。

「お約束」のやりとり

「ねぇねぇ、リュウヘイ、たっちゃんのケータイ、壊れちゃったのかなぁ。ほら、画面が大きくならないんだよぉ」

「バカヤロウッ！」

漫才コンビのツッコミのように、リュウヘイが僕の頭をペシッと叩きます。「ガラケー」なのに、指で画像を拡大しようとしていたからです。これは、リュウヘイが「たごっこパーク」や「おもしろ荘」に顔を出すと、必ずやる「お約束」の絡みです。もうこのボケを何十回、やったことでしょう。その都度、いつも新鮮に突っ込んでくれます。

「トモらチ（友だち）じゃないもんね！」

今度はリュウヘイの「お約束」のセリフ。

「なにぃ！」

身体の大きなリュウヘイにプロレス技を掛けます。

「トモらチ、トモらチ、トモらチ。たっちゃんはトモらチだよぉ」

慌ててリュウヘイが前言撤回をします。それを受けて、僕はプロレス技を解き、肩を組み合い、笑い合います。リュウヘイは知的障碍があり、特別支援学校に通い、放課後デイサービスにも通っています。そんなリュウヘイと毎度、毎度、「お約束」のやりとりをしては、最後にゲラゲラと笑い合います。「知的障碍児支援マニュアル」のような書籍にはないだろうと思われる関わりです。だから、リュウヘイの短所・欠点・苦手の改善には何も寄与しないだろうとも思います。

ある日、公園の草刈りをしていたら、リュウヘイが「たっちゃん、手伝うよぉ」と交替してくれました。リュウヘイはよく、僕が何か作業をしていると寄ってきて、自発的に手伝ってくれます。「知的障碍児支援」を何もしていない僕だけど、いつもリュウヘイに「支援」をしてもらっています。オチのわかっているコントのようなやりとりの積み重ねは、リュウヘイの持ち味を引き出すことにはつながっているのかもしれません。

活動への背中を押してくれる

「こんにちは。ヒロキと言います。今度、ここに遊びに来てもいいでしょうか?」

お母さんと一緒に「たごっこパーク」を訪ねてきた若者がそう聞いてきました。その言動からすぐに知的障碍があるんだなとわかりました。「どうぞ。今日から遊んでいけるよ」と返します。「いえ、今日は挨拶に来ただけですから」。ヒロキは生真面目そうな感じで、そう答えました。

この日も子どもたちが火遊びや川遊び、廃材工作などをして過ごしていました。そんな遊び場にわざわざ来たのに、今日は遊ばずに帰ると言うのです。「挨拶をする」という目的を遂行したヒロキに、「じゃあ、帰ろうか」とお母さんが声を掛けます。「ちょっと待ってください」とヒロキは制し、なぜ、ここに来たのかを僕らに話し出しました。

「ボク、職業訓練校の寮にいるんですよ。特別支援学校を卒業して入ったんです。ロビーに新聞が置いてあるんですけど、それを読むのが好きなんです。で、朝日新聞を読んでいたら、ここのことが書いてあったんです!」

読んだときの興奮再び、という感じで、声が上ずりました。少し前に朝日新聞が

12話連載で、僕らが出会った子どもたち一人ひとりに焦点を当てた記事を掲載してくれていました。

「そう、読んでくれたんだ」

「はい、しかも、12回も続いていたんですよ」

（うん、知ってる）と内心でつぶやきながら、自分ごとのように喜んでくれることに僕もまた嬉しくなりました。このあともまだ続いたとても長い「挨拶」を終えると、ヒロキは満足そうに帰路に着きました。

ヒロキからの手紙

その後、ヒロキは寮から帰省するたびに「たごっこパーク」に遊びに来るようになりました。半年ほどして、焚き火に当たっているヒロキの隣に腰掛けたときです。
「実はお手紙を書いてきたんです」と小さなメモ用紙に書いた文を朗読してくれました。（原文表記のまま）
『たっちゃんへ。たごっ子パーク10周年、おめでとうございます。実は今日、12月27日は、たごっ子8デイズがはじまって、ちょうど10年の日です。
それから10年、今では、開さい日も、毎月の各しゅうの土日に開かれ、全国的に有名なプレイパークになりました。

たっちゃん、これからも、たごっ子パークをたくさんの人が楽しめるプレーパークにしていって下さい。』

「たごっこパーク」の10年間をふりかえると本当にいろんなことがありました。活動上で抱えた問題により、心が折れかかり、重い足取りで公園に向かうことも何度もありました。そんな日に限って、生きづらさを抱えた子どもが背中を押してくれるような出来事がありました。

ヒロキは手紙を読み続けました。

「僕は寮に入って、辛いことが多かったです。そんなとき、朝日新聞の記事を読んだのです。今ではここが大切な場所になりました。ありがとうございました」

実は、読み終わったあとに手紙を受け取ったのですが、ここの部分は書いてありませんでした。読んでいて思い浮かんだことを付け加えてくれたのでしょう。活動の継続に向けて、力強く背中を押してもらいました。

ヒロキはさらに手紙を読みます。

『たっちゃんに一つ希ぼうがあります。相撲を習いたいのですが、富士には相撲を習う所がありません。たごっ子パークに私が体をきたえられるような土ひょうを作って下さい。たっちゃんともきたえたいし、ここに集っている子どもたちともきたえたいです。

たっちゃんにはきっと初めての希望だと思いますが作ることはできますか。よろしくおねがいします。』

「たごっこパーク」10周年の心温まるお祝い文に感謝したくて、早速、土俵を作りました。と言っても、地面をスコップで土俵型に削っただけの簡単なものでした。焚き火に当たって、ここでできた仲間と談笑していたヒロキは、僕が作業を終えて、しばらくしてから土俵の存在に気が付きました。

「うわぁ、ど、土俵ができてるっ！」

大袈裟、と思えるほどの反応も、ヒロキの裏表のない素直さを知る僕には、額面通りの労いと喜びを与えてくれました。

記念すべきヒロキの「初土俵」の相手には、小学校の特別支援学級に通う男の子が名乗りを上げてくれました。行司役を買って出たのは、特別支援学校の中等部に通う男の子。見応えのある大熱戦の末、軍配はヒロキに上がりました。

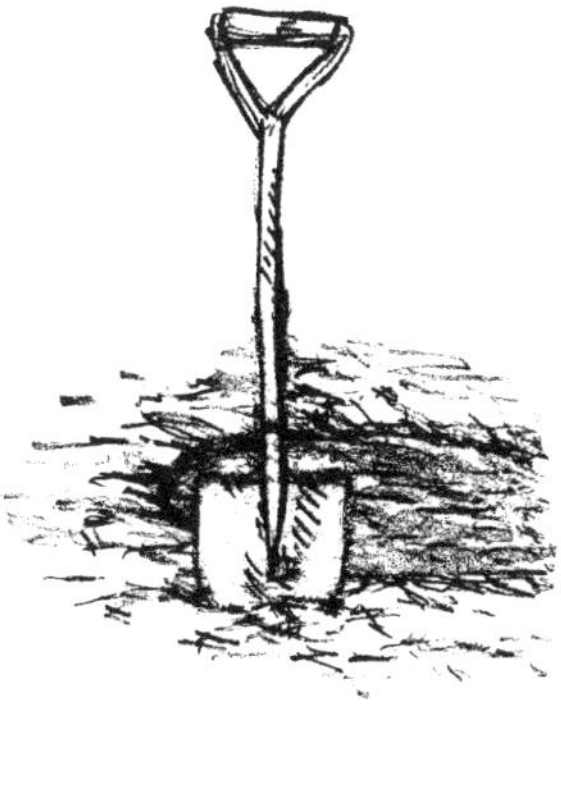

施設職員、子どもの笑いに驚き

「スバルくん、笑ってますね」

障碍のある子どもが通う放課後デイサービス施設の指導員の一言は衝撃的でした。指導員が「たごっこパーク」の視察に来て、笑い転げて遊ぶスバルを見つけ、そう言ったのです。僕は思わず聞き返しました。

「えっ⁉ スバル、笑わないんですか？」

「笑わないですね」と指導員。リヤカーを引いては笑い、川に飛び込んでは笑い、木登りをしては笑う。笑わないスバルは逆に想像できません。

指導員の視察目的は同じ施設に通うトモヤの様子を見るためでした。トモヤはその施設で不適応を起こしていました。指導員からの視点で言うと「問題行動」を度々起こし、そのたびにお父さんが頭を下げに行っていました。そんなお父さんが「不適応を起こしていない『たごっこパーク』での息子の様子を見てほしい」と指導員に進言。指導員は、他の子どもたちと、穏やかにドラム缶風呂に浸かるトモヤを見つけ驚いていました。

「ほんと楽しそうですね」

「マサルくん、動いてますね」

「おもしろ荘」を訪ねてきた別の放課後デイサービス施設の指導員も同じような言葉を口にしました。

こちらもまた思わず聞き返してしまいました。

「えっ!? マサル、動かないんですか?」

「動かないですね」と指導員。「お母さんのお迎えが来るまで、いつも床に寝転がって指をしゃぶっています。『おやつを食べよう』って言っても『いらないっ』と言うし、『お散歩行こうか』って誘っても『行かないっ』と言って、断られます」

「おもしろ荘」でのマサルは活発です。

「たっちゃん、インスタ、やってる?」

「やってないよ」

「入れてやるよ」

僕のタブレットをシャカシャカと操作して、勝手にアプリを入れてくれます。指導員が来所した日は、クリスマスが近いからと「おもしろ荘」を飾るための作品を色紙で作ってくれていました。その隣には「僕も何か作ろっと」と厚紙で仮面ライダーのベルトを作るトモヤがいました。

障碍特性は生活場面の中で強まったり、弱まったりします。その強まりも、ある場面では怒られるものとして表れ、ある場面では歓迎すべき個性として表れます。

「たごっこパーク」では、いつも笑顔をふりまいてくれるスバルは、場を明るくする存在として欠かせません。「おもしろ荘」では、作りものが好きなマサルが周囲を和やかな雰囲気に包んでくれます。それぞれの持ち味が醸し出す明るさや和やかさに触れ、トモヤも明るく和やかに遊ぶようになっていきました。逆に言えば、スバルが笑えないような環境、マサルが指しゃぶりでしかやり過ごせないような環境でのトモヤの「問題行動」は精一杯の自己表現なのかもしれません。

仲間とたくさんの喜びを分かち合うことで、思いやりの感情、相手への共感的な感情が育まれます。子どもの育ちに関わる大人として、そのことを常に意識しながら、遊び場の子どもたちと良い人間関係を育み、見守り続けたいと思います。

障碍のある子も生き生きと

「みっきぃ、手伝うよぉ」

夕闇に包まれた「たごっこパーク」で小学校の特別支援学級に通うタツキの声が響きます。子どもたちを見送ると、バケツ、のこぎり、かなづち、ボールと子どもたちが遊んだものを倉庫にしまいます。タツキは「次、何運ぶ?」と聞いては、せっせと片付けを手伝ってくれます。広汎性発達障碍。そんなタツキに付いた診断名です。片付けが終わると焚き火の始末です。燃え残った炭と灰を鋼製缶へ入れます。煙にむせび、灰を浴びながらタツキが奮闘してくれます。心許した相手には絶対の信頼を置く。その人の助けになることは意気に感じてやる。タツキの持ち味です。

タツキとは、養育に困り果てたお母さんが、「たごっこパーク」では障碍のある子どもも生き生きと遊んでいると聞いて、連れてきたことで出会いました。

「息子のことで毎週、学校や放課後児童クラブに呼び出されています」とため息をつくお母さん。遊び場での様子を観察していると、確かに教員や指導員が親を呼び出したくなるだろうなぁという言動が散見されます。見学に来た大学生でもふりかえりのときに、「タツキくんってこんな問題行動がありますね」と指摘します。

そんなときにいつも思い出すのは、発達障碍のある人の就労支援の分野で活躍される早稲田大学・梅永雄二先生の講演です。梅永先生は、発達障碍のある子どもへの学校教員の関わりについて、「教育実習生でも2週間もいればわかるような子どもの短所、欠点、苦手を指摘して、改善を求めるなんてプロの仕事ではありません」という主旨の指摘をされました。そして、「プロの仕事とは、どの子にも必ずある持ち味に光を当てること」と教えてくださいました。

タツキのお母さんもまさに、教員や指導員に呼び出されては、親なら百も承知の短所、欠点、苦手を並べ立てられ、「だから家でなんとかしてくださいね」と要求されていました。

「そう言われてもねぇ…。親としても困ってるから特別支援学級に入れてるんだし…」

そう言って肩を落とします。同時にそうした呼び出しの積み重ねから、ついついタツキを厳しく叱ってしまい、親子関係がうまくいかないのだとも嘆きます。

僕らは、「たごっこパーク」での日々を重ねるごとに見えてくるタツキの持ち味をお母さんに伝えようと努めました。明るい、元気、好奇心旺盛、行動力抜群…。

実はこれ、「一律・一斉・集団」を過度に求める教育現場では、「短所化」される可能性が高いのです。きっと、こんな言葉に変換されてしまいます。調子に乗る、うるさい、落ち着きがない、歩調を合わせない…。だから、それを教員や指導員から指摘され、養育の改善を求められてしまうのでしょう。結果、親子関係は悪循環にはまります。

「あんたがちゃんとしないから、お母さん、また先生に怒られたでしょ！」

「そんなこと言われたって、ボクだってどうしていいかわかんないよっ！」

「ダメなことをやらなきゃいいのっ！」

「わかったよぉ、もう」

「もうとはなにっ！　もうとは！」

一緒に参加した子育て研修会でタツキのお母さんが体験談を語ってくれました。

「最初は『たごっこパーク』で息子の障碍が治るんじゃないかと期待してたんです。でも、それは違うと気づきました。生まれつきの特性は一過性の病気じゃなくって、あくまでも障碍だから治らないんだなって。ただ、その特性がいい方向に出るか、悪い方向に出るかは環境で大きく違うんだなってことにも気づいたんです。だから、今はとにかく息子と楽しく過ごそうと思っています」

そんな思いのお母さんの過ごし方に呼応するかのように、タツキの持ち味が大きく開花しようとしています。

「真面目」が裏目に出たけれど

「あーもう！　こいつのせいでっ！」

泣き叫びながら、相手を執拗《しつよう》に蹴り続ける小学4年生のケント。その相手とは子どもではなく、木の根っこ。子どもたちが昔ながらの「缶蹴り」で遊んでいました。ケントが「鬼」を出し抜き、あと3歩で缶が蹴れるところまで迫ったとき、木の根につまずき、もんどり打って倒れてしまったのです。

俗に「キレやすい子」と評されてしまう子がいますが、出会った頃のケントはまさにそんな男の子でした。真面目で、どんなことにも全力投球。でも、その長所が裏目に出てしまうことがあるのです。自分の思い通りにいかないと、楽しいはずの遊びでも癇癪《かんしゃく》を起こしてしまいます。

そんなケントの子育てに悩んでいたお母さんが僕らの活動を知り、連れてきたのです。10年以上前に出会った日のことは今でも鮮明に覚えています。この日、子どもたちと最後に盛り上がった遊びは、僕を川に落とすというものでした。どの子が挑んできても、僕が落ちることはなく、数人がかりで来ても、全員を川に落として いました。どの子も何度か落ちて、そのたびに大笑いをして、やがて、子どもたちは次の遊びに移り、終わりました。暗くなってきて、子どもたちはひとりまたひとりと帰路に着きました。

でも、ひとりだけ、最後まで僕を川に落とそうと挑み続けていたのがケントでした。泣き叫びながら、僕にしがみつき、渾身の力を込めます。初日ということで、お母さんが我が家に迎えに来ることになっていたので、仕方なく、ケントがしがみついたままの状態で、自宅に帰りました。お母さんがお迎えに来ましたが、ケントは奇声を上げて、僕から離れません。

さて、この決着をどうしたものかと思案していると、隣家のおばあちゃんが出てきて、叱られちゃいました。

「あんたたち、いい加減にしてほしいよ!」

その瞬間、ケントは力を抜き、すすり泣きに変わりました。僕はすかさず、「ケント、一緒に風呂、入ろうか」と誘いました。無言でうなずいたので、一緒に我が家の風呂に入りました。背中を洗ってやりながら、「ケントは根性あるね～」と声を掛けると、満面の笑顔になりました。

その後、ケントは、「ゆめ・まち・ねっと」のほとんどの活動に参加するようになりました。最初の頃は、癇癪を起こしては、落ち着くまでに何時間も要するということが繰り返されました。でも、僕と妻は、落ち着きを取り戻したあとに見せるケントの笑顔が大好きでした。

どんな関わりをしたらこの笑顔が続くのか。どんな場面に遭遇すると癇癪が出てしまうのか。ケントの心情に近づこうと努め、試行錯誤を重ねました。お母さんの活動への共感と、我が子ケントに対する愛情は、その試行錯誤を大いに助けてくれました。「たごっこパーク」という場に見通しが持てるようになってきたのでしょう。「みっきぃ・たっちゃん」という存在にも見通しが持てるようになったのでしょう。一日中、癇癪を起こすことなく、笑顔で遊んで帰路に着くという日が多くなっていきました。

そんなある日、「たっちゃん、手伝ってぇ」と廃材工作をするケントが声を掛けてきました。

「ソリを作って、そこの斜面を滑りたいんだけどね、ここ、釘《くぎ》が入らないんだ」

折れ曲がった釘が何本も転がっていました。思い通りにならなかったのに、ムカついて、キレて、癇癪を起こしていないケントに変化を感じました。

ところで、「たごっこパーク」では、子どもからの遊びの誘いや何か手伝ってほしいという依頼を引き受けないのが基本的な対応です。うまくいくもいかないも、全部、子どもに引き受けてほしいからです。そして、うまくいかなくても、試行錯誤をしたり、仲間の手を借りたりしてほしいからです。そんな体験こそ、発達に寄与するでしょうから。

でもこの場面では、これまで観察してきたケントの特性と、ここまでの関わりを

ふりかえって、手伝ってあげるという選択をしました。見ると、木の節があって、確かに子どもでは難しかっただろうという箇所でした。釘を1本、打ってあげると、「ありがとう。あとはもう自分でやれるから」と続きはひとりでやり始めました。

丸々2日間かけて、滑車付きの立派な台車が完成しました。斜面での試走に成功すると、「たっちゃん、できたよっ！　見て」と台車の裏面を優勝トロフィーを掲げるように見せてくれました。感激しました。台車の裏面にマジックペンでこう書いてあったのです。

「たっちゃん、ケント、作」

僕は釘1本。それ以外の制作はすべてケント。それなのに、二人の合作として記名されていました。しかも先に僕の名前。これがケントの真骨頂。

月日を重ね、高校生になったケントに尋ねました。「夏休みにまた被災地へ行くけど一緒に行く？」。前年、ケントを含む高校生五人と東日本大震災の被災地へと出掛け、被災した子どもたちの元気回復のお手伝いをしたのです。

「あぁごめん。俺もまた行きたいなって思ってて。ちょうど高校で、岩手に行くボランティア募集ってのがあったから、申し込んじゃった。ちょうど日程が被っちゃうから行けないや」

「ごめん」なんかじゃありません。ケントとの出会いと重ねた日々から、子どもが豊かに育つことで生まれる希望をまたひとつ見させてもらいました。

ひとりの若者への「支援」

「あのぉ、ここで、ボランティアとか、できるでしょうか？」

数年前、朴訥《ぼくとつ》とした感じの青年テツトが「たごっこパーク」に現れ、そう尋ねてきました。運営には確かに人手が必要です。けれど、「ぜひ、お願いします」と即答できない僕がいました。（どうしようか？）そんな表情で活動の相棒である妻を見ます。戸惑いの原因は、テツトには知的障碍があるとすぐにわかったからです。ボランティア希望をどう受け止めていいのか、即断できませんでした。

「どうして、ここでボランティアをしたいと思ったの？」と尋ねました。こちらの戸惑いを察したのか、「あ、ダ、ダメでしょうか…？」と聞き返され、慌てて言葉をつなぎました。

「ダメじゃないけど、なんで、希望してきてくれたのかなと思って」

「あ、ボランティアセンターに相談したら、ここならやらせてもらえるかもって…。やっぱり、ダメでしょうか？」

結論は出ました。こうした青年に「たらい回し」は味わわせたくありません。妻も決断を察してうなずきます。

「お願いします。とくに人手がほしいのは、夕方の片付け。公園だから、ちゃんと片付けて帰らないといけないんだ。子どもたちが今、使ってるボールとかのこぎりとかかなづちとか。あのリヤカーとかそこのドラム缶とか大物もあって、僕らだけでは大変なんだ」

気が優しくて、力持ち。そんなテツトは、夕方の片付けに向けて、たいてい午後3時くらいに来てくれるようになりました。それでも「ボランティア」とは考えていませんでした。個別に対応してあげたい子どもと関わっている最中でも、「このスコップはどうしたらいいでしょうか?」と聞いてきます。子どもに「ごめん。ちょっと待っててね」と断って、テツトに対応します。「スコップはここで洗うんだ。乾いたら、向こうの倉庫のバットとかラケットを立ててある場所わかる? うん、そこに、立て掛けてしまってね」とお願いします。

生きづらさを抱えた若者の話を公園の片隅で聞いていると、テツトが近寄ってきます。談笑しているわけではなく、一般的には、(深刻そうだな)とわかるような雰囲気で話しているはずなのですが、「あの、すいません。ボールを片付けてみたんですけど、ちょっと、合ってるか見てもらえますか?」と聞いてきます。若者にごめんねという感じで手を合わせ、テツトと倉庫に向かいます。

「テッちゃん、バッチリ! さすがっ!」

「あ〜良かった、うん、ほんと、良かった。うん、良かった」

そんな会話を交わして、また、若者のところに戻ります。

自己判断で片付けてくれたものをあとでひそかに片付け直すことになることもしばしばありました。日が伸びてきて、夕方といってもまだ明るいので、子どもたちが遊んでいても、冬と同じ時間に片付け始めてしまうこともあります。「テッちゃん、子どもたちが遊んでるから、片付けはまだいいよ」と伝え、作業を制します。かと思うと、妻が「テッちゃん、これ、運ぶの手伝って」と声を掛けると、「ちょっと疲れたので、ハンモックで休憩します」と、寝てしまうこともありました。それでも、テツトもここを居場所にしてくれたらという思いで関わり続けてきました。

みんなに支えられて

テツトは特別支援学級を卒業し、工場で働いています。その職場の居心地の悪さをよく話します。ときに激しい憤りを見せ、ときに大粒の涙をこぼします。そんなテツトが、こんなことを言ってくれました。

「自分はどうしてもネガティブになっちゃって…どうせボクなんか何もできないし、自分が嫌になっちゃうことが多くて…。でも、たごっこパークはリラックスできるし、ポジティブになれるんです」

この言葉は、僕らに使命感を与えてくれました。ある日、「たごっこパーク」の一

市の許可を得て置いてある倉庫。

日を重く長く感じながら、夕方を迎えることがありました。社会的養育をしている子どもとの関係性がなかなか築けず、夫婦で落ち込むことが続いていたのです。「たごっこパーク」で元気に遊ぶ子どもたちを見守りながらも、夫婦でそのことばかりを考えて、公園での一日が過ぎていきました。しんどいなぁと思いながら片付けを始めると、テツトはいつにも増して、テキパキと片付けをしてくれました。いえ、そう感じただけかもしれません。最後のひと品を倉庫にしまうテツトを眺めながら、傍らの妻に「支援されているのは僕らなのかもしれないね」とつぶやく僕がいました。

心配し続けてあげたい

「富士署は△日、窃盗の疑いで住所不定、無職シュン容疑者を逮捕した」

新聞の片隅に出ていたシュンは「たごっこパーク」の常連でした。記事を見つけ、妻とため息をつきました。ほんの少し前、「たごっこパーク」でシュンに話したばかりでした。

「保護観察中なんだし、辛抱、辛抱だよ」

もちろん、保護観察中だけ犯罪行為をしなければいいというものではありません。それでもまずは保護観察というのが歯止めになり、反社会的行動が止まることを願いました。でも、その願いは叶いませんでした。

犯した罪以上に、「住所不定、無職」という記述に落胆しました。数カ月前、「おもしろ荘」に現れたシュンは「みっきぃ、見て、これ」と妻に嬉しそうに社員証を見せてくれました。派遣社員という立場ではありますが、大手企業のものでした。仕事は続かず、家も追い出されていたとは知りませんでした。相談相手になれなかったことに深いため息が出ました。小学生のころから遊びに来ていたシュンは不適切な養育環境で育っていました。高校は他生徒への暴行などが重なり退学になりました。その後はアルバイトを転々とし、警察沙汰も繰り返していました。

シュンの記事から数日後、「富士署は△日、傷害の疑いで福島県○○市、土木業ユキオ容疑者を逮捕」という記事を目にしました。ユキオもまた「たごっこパーク」の常連でした。ユキオは定時制高校を退学になり、非行傾向を強めていた頃に出会いました。小さなころから外遊びが大好きだったというユキオは、「たごっこパーク」で川遊び、ボール遊び、廃材工作と無邪気に遊んでいました。

それから数年後、東日本大震災が起こり、土木業をしていた知人に誘われ復興現場で働くことになったとお母さんから聞き、その旅立ちに安堵していました。記事を見つけて、慌ててお母さんに電話をし確認すると、こちらに戻っていたことすら把握していませんでした。

シュンもユキオも「たごっこパーク」では、年下の子どもたちの人気者でした。共に明るく元気で大袈裟に自己表現をします。見掛け倒しで、虫が苦手なシュンは、子どもが捕まえたバッタを見せつけると、「わぁー、マジ、無理ぃー」と50メートル先まで走って逃げていきます。ユキオは冬の冷たい川に飛び込んで、「おぉーマジ、冷てぇー！」と叫び、子どもたちの笑いを誘います。その生い立ちや風貌に何の先入観も偏見も持たず慕ってくる年下の子どもたちの存在は、彼らに居心地の良さをもたらしていたと思います。

「いろいろ迷惑を掛けてすいませんでした」

2カ月半の留置場生活を終え、シュンが神妙な面持ちで顔を出してきました。僕は「まったく…」と呆れたよという感じで口にしつつ、それでも、排除はしないことを伝えるために肩を優しくポンポンと叩きました。ホッとした表情に変わったシュンは、調子に乗って軽口を叩きます。

「あとから隣にユキオが入ってきたんすよ。なのに先に出てったんすよね」

「知ってるよ」とは伝えませんでした。ユキオは再び、被災地の現場に戻ったと母親から聞きました。それから2年後、度々、東北の被災地ボランティアに行っていた僕らは、ユキオがいる地域にも足を運ぶ機会ができ、向かう道中で電話をしてみました。電話に出るなり「たっちゃん、どうしたんすか?」と言ってきました。「よく、オレってわかったね?」と聞くと、「だって、たっちゃんとみっきぃのケイバン（携帯番号）は消さないっすから」と嬉しいことを言ってくれます。

現地で会うと、被災地での苦労をいろいろと語ってくれました。でも、それだけ仕事が続いていることに安堵もしました。帰り際に封筒を渡されました。

「募金です。オレ、初めてっすよね、募金するの」

少し照れくさそうに、少し誇らしげに、そう言いました。

長らく関わり、「たごっこパーク」や「おもしろ荘」では無邪気な笑顔を見せていても、その抱える生きづらさから、なかなか希望にたどり着けない若者たちもいます。そんな若者に、それでも顔を出せる場所であり続けることしかできませんが、見捨てず、排除せず、心配し続けてあげたいのです。

子どもの持ち味に光を

福島県へ復興イベントのお手伝いに行きました。子どもボランティアとして同行してくれたうちのひとりが遊ぶことが大好きな小学生シンゴでした。「たごっこパーク」や「おもしろ荘」でも、年下の子どもの遊び相手を上手にしてくれます。先日は聴覚障碍のあるヒロの遊び相手になっていました。ヒロはよほど嬉しかったらしく、その日のことを絵日記に記したそうです。

そんな持ち味のあるシンゴは特別支援学級に所属しています。ある日、シンゴは校庭にある築山で大きな石を手放しました。落石遊びのようなことをしたかったそうです。でも、担任教員に「もし、下にお友だちがいたらどうなったと思うの！」とこっぴどく怒られました。そしてシンゴに「昼休みは校庭に出てはいけない」という罰を与えました。ずっと続いていたその罰がようやく解禁になりました。そのことを教えてくれたシンゴはこう言いました。

「でもね、マスダ先生が『今度また、ちょっとでも、何かしたら、また、だめにするよ』だってさ」

このシンゴの報告に二つのことを思います。ひとつは技術的な問題であり、もうひとつは精神的な問題です。技術的な問題というのは、シンゴへの指示の仕方です。広汎性発達障碍という診断が付いているシンゴに対して、「具体的に、肯定的に伝える」ことは支援のイロハのイです。「ちょっとでも、何かしたら、だめにする」という言い方は、抽象的で否定的です。シンゴを萎縮させる効果しかありませんし、教員と生徒の信頼関係の構築には何もつながりません。

精神的な問題というのは、そもそもこの教員には、シンゴと共に成長していこうという「思い」が感じられないということです。求められる教育とは、子どもたちの短所、欠点、苦手を指摘して、その改善を求めることではありません。どんな子どもにも必ずある長所、利点、得意なこと、一人ひとりの持ち味に光を当て続けるのが教育です。

こんな「特別教育」を受け続けたシンゴは、中学に上がると学校に行かなくなりました。そうなっても、誰も責任を取らないのが、今の学校の現状です。

失敗は成功のもと

ある日の「たごっこパーク」。小学1年生の女の子アヤとマユミがべっこう飴づくりを始めました。お玉に砂糖と水を入れ、焚き火で煮込みます。頃合いを見て、バケツに溜めた水で一気に冷やします。すると固まって、べっこう色の飴ができるのです。ところが二人は、砂糖水がいい具合に煮込まれたとき、はたと水を溜めたバケツを用意していないことに気づいたようです。

「どうする?」

「あたしが二つ(お玉を)持ってるから、水を汲んできて!」

「でも、(煮込んだ砂糖水が)黒こげになっちゃわない?」

「じゃあ、水道のところで冷やそっか?」

「うん、そうしよう!」

二人は水道の蛇口の下の水たまりでお玉を冷やし始めました。決してきれいな水ではないので、お玉に流入しないよう、いつも以上に真剣です。

「固まってきた!」

「やったぁ!」

以後二人は、べっこう飴を作るとき、あらかじめバケツに水を溜めておくことをしなくなりました。「失敗は成功のもと」という言葉がありますが、そんな場面が自由な遊びの中ではいつも見られます。「たごっこパーク」には、大人がお膳立てをしたプログラムがありません。だから、子どもたちはたくさんの「失敗」をします。でも、子どもたちにとっては単なる「失敗」ではないのです。次善策を工夫したり、新しいやり方を発見したりする「絶好の機会」なのです。そんな「絶好の機会」を奪わないために、大人からすると案の定な「失敗」の数々を僕らはいつも遠巻きに見ています。子どもたちの「次の一手」を楽しみにしながら。

相手への思いやり

小学生たちがリヤカーで遊んでいました。

「やべぇぇぇ！」

「わぁぁぁぁ！」

ドシンッ！　土手を下るときに制御不能になり、立ち木に衝突。

「大丈夫かぁ？」

「お前こそ大丈夫？」

僕の子ども時代の経験から、（まぁ、こうなるだろうな）と撮影の機会を待ち構えていたので、バッチリ、決定的瞬間を撮ることができました。

こんなくだらないこと、将来、何の役にも立たない、という大人もいるでしょう。

では、必死に覚えた数学の因数分解や英語の現在完了は日々の暮らしにどのくらい役立っていますか？　いえ、だから勉強なんか無意味だと言いたいわけではありません。

覚えたから進学でき、その結果、今の仕事に就けているんだから、間接的に意味があったという人も少なくないでしょう。中には得意な数学を生かして研究開発をしている人も堪能な英語を生かして国際ビジネスに携わる人もいるでしょう。それでも遊びには、勉強をはるかに凌ぐ価値があります。

リヤカーを疾走させて遊び、笑い合い、喜びを分かち合う。その先にこんな顚末が待ち構えていたとき、真っ先に自分の怪我より、相手の怪我を気遣い合う。一見、価値がなく見えるこんな遊びの大きな価値は、共感性を育むことです。

「思いやりのある人になりなさい」「他者の痛み、苦しみ、悲しみがわかる人になりなさい」。道徳教育などでよく言われることです。でも、こうしたことは教えられて身に付くものではないのです。敬愛する児童精神科医・佐々木正美先生に教わりました。他者を思いやる感情は、他者と十分に喜びや楽しみを分かち合ったあとに育まれるのだと。他者への思いやりをなくして、どれだけ勉強ができても、その能力を誰かの幸せのために生かそうとする大人にはならないでしょう。

大切にしたい居場所

「たごっこパーク」の常連の小学6年生、タケル、カズキ、リホが僕のところへやってきました。タケルが聞きます。

「たっちゃん、バケツ、持ってってていい？」

「いいよ～」

続いてリホ。

「あるやつ全部持ってってていい？」

「いいよ～」

こんな場面で大人はつい、「何に使うの？」なんて軽い疑いを投げ掛けたり、「ちゃんと片付けるならいいけど」なんて条件付き許可を口にしがちです。僕は、二つ返事で承諾しようと心がけています。そのことで、信頼を受け渡したいと思うのです。

さて、三人組。例によって、公園の脇を流れる川で魚やカニを捕まえてくるんだろうなぁとその背中を笑顔で見送ります。しばらくして公園に戻ってきた三人のバケツには溢れんばかりの川のゴミ。「すごいでしょ！」と自慢するわけではありません。褒めてほしいという雰囲気でもありません。でも満足げな顔です。

そしてタケルが「今度、リヤカーで行ってくるわ」と、また、川へ向かいました。ほどなくして、初春の冷たい雨が降ってきました。みっきぃが様子を見に行き、「やってたよ〜。とてもゴミ拾いをしてるとは思えないいつもの笑顔でね」と報告してくれました。

一度目より随分と時間が経ち、リヤカーいっぱいの川のゴミを積んで戻ってきました。三人とも満面の笑み。リホが「ティビーまで拾っちゃった、ティビー」と、はしゃぎながら、壊れたテレビを掲げて見せてくれます。

自分たちが飛び込み、泳ぎ、クロダイやナマズを釣り、カニやカメを捕まえて遊んでいる川。自分たちの大切な居場所。仲間とともにいつも笑顔でいられる場所。だからきれいにしたくなる。

一方、学校では、校舎のガラスを割る、壁に落書きをする、廊下に消火器液をぶちまける生徒がいます。そういうことをする生徒たちは、何で自分の学校のガラス、壁、廊下なのか。壊して、汚して、スカッとしたいだけなら、他校でもどこかの店舗でもいいはずです。

本当は自分にとっても学校が居場所になってほしかった。だから、校舎内の物を壊し、ときに教員に暴力をふるうのではないか。思春期の子どもたちの悲痛な叫びのように思えます。

キャンプを前に途絶えた消息

「あーあ、つまんない。なんかおもしろいことないかなぁ…」

お手の物という感じで、落ち葉や枯れ枝にマッチで火を点け、焚き火を始めた小学生のヒナタがつぶやきます。「たごっこパーク」では、廃材工作、川遊び、木登り、ドラム缶風呂と、遊びを存分に満喫しているのに、ヒナタのようなつぶやきをする子どもが何人かいます。

それを聞くと、県庁職員時代に行きつけだった呑《の》み屋さんを思い出します。暖簾《のれん》をくぐり「相変わらず、パッとしねぇなぁここ」なんて憎まれ口を叩く常連客。いつもの席で、いかにもここの居心地が好きという笑顔で杯を重ねて、帰路に着くのにです。

「明日は○○ランドに連れてってもらうから、『たごっこ』来ないよ」

ある日、ほとんどの子どもが家路に着いたころ、ヒナタが嬉しそうに告げてきました。でも翌朝、「たごっこパーク」に着くと、ヒナタはもう来ていました。何かの都合で中止になったのでしょうか。みっきぃが「おはよう。○○ランドは?」と声を掛けます。「行かないことにした」とそっけなく答えるヒナタ。

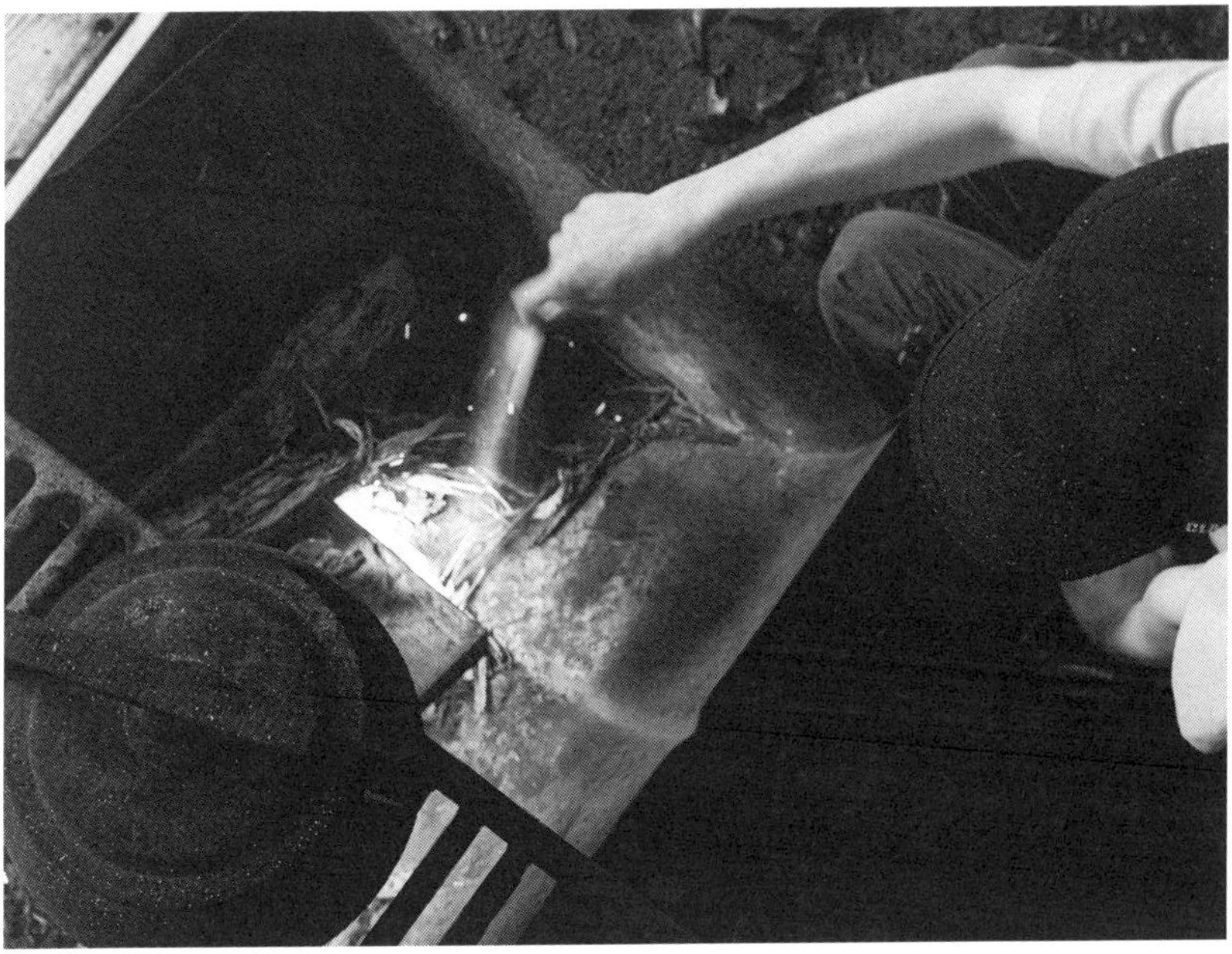

ヒナタの家庭事情を知る人からは、貧困家庭らしいという話を聞いていました。テーマパークに家族で出掛けたら大きな出費です。ヒナタがただ叶わぬ願望を口にしただけなのかもなぁとその心中を思いました。

「たごっこパーク」は、どんな家庭の子どもでも遊びに来られるよう、参加費無料、親の申し込み不要で運営しています。そのため、子どもは常連でも、親には会ったことがないということがしばしばあります。ヒナタのお父さんに会ったのも、ヒナタがすっかり「たごっこパーク」の常連になったころでした。茶髪、サングラス、くわえたばこ。虚勢を張った感じがかわいらしくさえ思えました。お父さんに近付いて、ヒナタの子どもらしく生き生きとした遊びっぷりと持ち味である明るさ、元気さを伝えました。お父さんはたちまち相好を崩します。

「今度の春休みキャンプ、お父さんが行ってもいいって!」

ヒナタが今度も嬉しそうに告げてきました。当時、活動資金を得るために、キャンプだけは有料で企画していました。キャンプに参加したくて仕方なかったヒナタは、「参加費を出してくれないから無理」と毎回、嘆いていました。

春休みを間近に控えた「たごっこパーク」にも3日間連続で参加したヒナタ。でも、いよいよ春休みキャンプ、というところで消息が途絶えてしまいました。家財をほとんど残したまま、どこかへ転居してしまったのです。

どこかこの空の下で元気にしていることを願い続けて11年が経ったある日、SNSにヒナタと同姓同名の友だちリクエストが届きました。返事をしてみました。

「もしかして、富士にいたヒナタちゃん?」

「そうだよーヒナタだよ! え😢 覚えててくれたの?」

「ずっと会いたかった。突然の別れだったから」

「今は私、A県だから、中々行くこと出来ないけど、また機会があったら遊びに行きます😊」

偶然の奇跡が起こるものです。

「おぉ! たっちゃんたち、今日はB県で講演。だから、A県を通過して、富士に戻る。会いに行ける!」

B県での講演のあと、A県に立ち寄り、11年ぶりにヒナタと再会しました。当時は小学校の普通学級に在籍していましたが、A県では特別支援学校に通ったそうです。卒業した今は、毎日、頑張って仕事に通っていることを報告してくれました。奮闘を称え、その日々を労い、いつか「たごっこパークキャンプ」をやろうと約束して、別れました。

その後の育ちを心配しながらも関係性が途切れていた子どもとこうして劇的な再会をすることが時々あります。遊び場ならではの絆があることを信じて、今日の出会いも大切にしています。

オレにベンキョー、教えてくんねぇ

「今日はかみさんが友だちの結婚式だから、子どもたちを連れてきたよ」

そう言いながら25歳になるヤマトが我が子二人と共に「たごっこパーク」に遊びに来ました。

「向こうに丸いどんぐりあるから、拾いに行こ」

そう子どもに促すヤマトは、すっかりお父ちゃんの顔でした。

そんなヤマトに、「たっちゃん、オレにベンキョー、教えてくんねぇ」と頼まれたのは、ヤマトが中学1年生のときでした。これがのちに「個別学舎寺子屋」と名付けることになる、子どもたちと学びを通じて日々を共にする活動の始まりとなったのです。

「寺子屋」とは、表面的には「学習支援」と呼ばれる活動です。でも、ヤマトとの出会いから生まれた「寺子屋」は、単純に成績向上を目的とはしていません。成績が低い子にはまず、「学校」という評価装置の中で失った自己肯定感の回復を願います。一方、学力のある子には「学びは誰かを幸せにするためのもの。それが自分の幸せにもなる」ということが伝わることを願います。不登校の子とは教科学習はせず、関心のある新聞記事を解説するだけということもあります。

小学生のときから「たごっこパーク」に遊びに来ていたヤマトは、中学生になると次第に学校に足が向かなくなりました。眉毛を剃ったり、制服のズボンを極端に下げて穿いたりし、教員には反抗的になっていきました。それでも遊び場には欠かさず来ていました。やりたいことに夢中だった小学生時代と違い、年下の子どもたちの遊び相手をすることが多くなりました。運動神経の良いヤマトは「憧れのお兄ちゃん」的存在でした。そのことにヤマトは自己肯定感をもらっているようにも映りました。

ヤマトは「中学は行く気しねぇけど、高校は出ときたいんだよね」と言って、学習支援を頼んできたものの、直近の学力テストは、5教科500点満点で37点。「ヤマト、こりゃあ高校進学は無理だぜ（笑）」と伝えるも、「だから、頼みたいんだよ」と懇願してきました。

週2～3日、勉強を教えることになりました。学校教員や塾講師と比べれば、稚拙な教え方だったでしょう。それでも、ヤマトの学力はぐんぐん伸びました。おそらく、遊び場で共に過ごした信頼関係があり、僕の教える因数分解や妻の教える現在完了は、素直に頭に入れようと思ったからなのでしょう。

家ではひとりで夕飯を食べることが多かったというヤマトは、放課後の小学生たちの遊び相手になったあと、我が家で一緒に夕飯を食べ、それから勉強をするようになっていきました。テスト前は我が家に宿泊し、遅くまで自主勉強をすることもありました。ある朝、ヤマトが洗面所に寝ていました。夜遅くまで勉強して、「眠いから顔を洗ってもうひと踏ん張りと思ったけど、力尽きたみたい」と苦笑いするヤマト。

その頑張りが功を奏し、高校受験を迎える頃には、500点満点で370点と成績は10倍にも伸び、公立高校に合格しました。高校は休まず通学し、入学後に始めたファストフード店でのアルバイトは卒業時まで続きました。時折、店のお裾分け持参で立ち寄り、「パートのおばちゃんたち、オレが頼りなんだよね」と軽口を叩くこともありました。そんなおばちゃんたちの存在もまたヤマトの自尊心を高めてくれたことでしょう。

ヤマトとのかつての会話が忘れられません。高校受験を数カ月後に控えた時期の校内マラソン大会。「腰パン」と呼ばれる格好で最後尾を面倒くさげに走っていました。大会後に聞いてみました。

「運動得意なんだし、マジで走れば上位狙えたでしょ?」

「だってさ、先生たち、オレのああいう姿、望んでるじゃん。それを演じてやったんだよ」

一緒にキャンプへ行ったときのことです。降りしきる雨の中、小学生たちとの草サッカーでマジになり、足がつるヤマト。そこには演じることのない、素のままのヤマトがいました。生きづらさを抱えた若者たちが素の自分を出せる誰かとの出会いがあることを願わずにはいられません。

運営を支える手づくりくじ

「うわぁ、フユミ、久しぶり！　元気だったぁ？」

妻がフユミを抱き寄せます。照れた笑顔を浮かべるフユミとは、高校1年生のとき以来、2年ぶりの再会でした。開設間もない「おもしろ荘」に中学1年生のときから来るようになったフユミ。下校時の通り道だったので、欠かさず寄っていくようになりました。

「はい！　これ、『おもしろ荘』の資金づくりに使って！」

テスト週間で帰宅が早く、自宅から遊びに来たフユミが差し出したのは、お手製の当たりくじセットでした。小学生の頃に集めたという大小様々なスーパーボールが50個、厚紙に埋め込んでありました。くじ箱にはかわいらしいイラストが上手に描かれています。

「すご〜い！　フユミが作ったの？」と尋ねる妻に、「うん。今日からテストなのにさ、どうしても作りたくなっちゃって。夕べ、徹夜で作っちゃった」とテヘヘという笑いを浮かべながらフユミが答えました。「売り上げから手数料をフユミにあげないとね」と水を向ける僕に、フユミは「いいの、いいの。全額、おもしろ荘の

側面も4面すべてにイラストが描かれ丁寧に作られたくじ箱。今でも大切に使われている。

家賃に使って。私、おもしろ荘、潰れたら困るから」と返しました。

そんな日々を重ねたある日、いつものように屈託なく笑うフユミに妻が本当に何気なく声を掛けました。

「フユミってほんとよく笑うよねぇ」

フユミの顔がさっと真顔に変わり、まくしたてるように話しました。

「私が笑っているのはここだけ。学校では一度も笑ったことがない。なぜなら、クラス全員から無視されているから」

「おもしろ荘」でいつも見せる明るさからは、そんな渦中にいることが想像できませんでした。その後も中学卒業まで、辛さを抱えながらも登校し続けたフユミは、「おもしろ荘」にもいつもの笑顔を見せながら通い続けました。

しかし、高校進学後、すぐにフユミの両親は離婚。お母さんと共に少し遠方へと転居しました。それでも高校1年生の頃は、たまに顔を見せてくれましたが、次第に来なくなり、久しぶりの再会だったのです。

高校卒業後の進路を尋ねると、「C食品に就職しました」とフユミ。びっくりしました。C食品は、「おもしろ荘0円こども食堂」に共感して、食材提供をしてくれている会社だったのです。それをフユミに伝えると「はい、知ってましたよ」とあの頃のような笑顔を浮かべました。

人懐っこい笑顔のヒロシに怒られて

「ゴミ出しに行ったら、ヒロシに怒られちゃった。『遅いですよぉぉ。今度からちゃんと時間を守ってくださぁぁい』って」

ゴミ出しから帰ってきた妻が嬉しそうにそう話しました。町内のゴミ集積所へ朝8時半までに出すのが地域のきまり。この日は祝日でうっかりして、9時過ぎにゴミ出しに行ったら、収集車がちょうど作業を終えるところだったのです。

「あのヒロシに怒られる日が来るなんてねぇ」

市民活動の相棒という立場でしみじみと話す妻。妻を人懐っこい笑顔で注意した作業員のヒロシは15歳。不登校で、素行も次第に悪くなり、教員に指導され続ける日々でした。高校進学をせず、ゴミ収集車に乗って働いています。

「たごっこパーク」や「おもしろ荘」に小学5年生のときから足繁く来るようになりました。自宅にも度々訪ねてきて、「これ、ばあちゃんが持ってけって」とお届け物に来てくれました。ときには、「これ、オレが作ったから食べて」と発展途上国出身の実母に習った外国料理を持ってきてくれたりもしました。

「どう、ウマい?」

「うん、イケる！　これ、味付けのベースは何？」

「ブタの血だよ」

「ブタの血!?」

ヒロシの今の戸籍上のお母さんは、この実母から数えて四人目。お父さんは日本人ですが、お母さんは代々、発展途上国籍の人です。ヒロシにとっては、お母さんというよりも、お父さんの再婚相手という存在でしかないのかもしれません。落ち着くことがなく、安らぎやくつろぎを感じることができない家庭環境の中で、家出をしたこともあります。おばあちゃんから「警察に捜索願を出したんですけど、もう1週間も見つからなくて」と相談がありました。

「たごっこパーク」で、ヒロシと似たり寄ったりの素行（笑）の中高生たちにそのことを伝えると、「探してきますよ」と自転車で公園から駆け出していきました。警察が1週間経っても見つけられなかったのに、彼らから携帯に連絡がきたのは僅か30分後でした。

夜、おばあちゃんから感謝とお詫びの電話がありました。そのあと、ヒロシに代わり、「迷惑掛けちゃって、ごめんなさい」と神妙な声で言います。隣におばあちゃんがいるから伝えられなかったことを翌日の「おもしろ荘」で伝えました。

「ヒロシが謝ることはない。心配はしたけど、何にも迷惑は掛かってないし。だいたいさぁ、俺でも、ヒロシの家庭環境だったら、家出するよ」

ちょっと笑顔になったヒロシに妻が付け加えます。

「今度、家出するときは、うちにおいでよ」

「近っ！」

今度は大笑いをするヒロシ。


家出騒動からしばらくして、ヒロシと仲間数人が「おもしろ荘」にいたときのことです。年配の女性が入り口のガラス扉を開けて、いきなり、ちょうど目の前にいたヒロシの茶髪をかき上げ、「ピアスしてないかなっ？」と検査。続いて詰問口調で「今日はステップには行ったのっ？」と不登校の生徒が行かなければならない適応指導教室（愛称：ステップスクール）への出欠を問い質しました。

すぐにヒロシの担任教員だなと思いました。でも、あえて、「ヒロシィ、誰これ？友だち？」とヒロシに聞きました。そこで初めて女性が「○○中の▲▲です」と名乗りつつ、「ヒロシくん、ちょっといいかな」と外へ出るように促しました。僕はそれを制するように、教員がヒロシに対したのと同じ威圧的な口調で伝えました。

「あのさぁ、あんたは普段、学校で生徒たちに挨拶しろ、礼儀正しくしろとかって言ってんでしょ。最初にオレらに挨拶して、初対面なんだから素性を名乗って、『ヒロシくんがいつもお世話になっています』って言うのが筋でしょ。そんなこともできないような大人がな、教壇に立つ資格なんてねぇから、とっとと帰んなよっ！」

教員は無言で不機嫌そうに姿を消しました。それを見届けながら、ヒロシたちが口を揃えました。

「たっちゃん、怖っ！」

いつもこんな態度を取るわけではありません（笑）。大人に対してこんな態度を取る僕をヒロシたちが見たのは、初めてでした。いつもは子どもたちの悪さも危険な遊びも笑顔で見守っている印象が強いと思います。

僕の中では、外部の大人に対してどういう態度を取るかの選択基準があります。それは、生きづらさを抱える子どもとの日々を重ねるためには、今は友好的な態度を取るべきか、それとも敵対心を顕わにしたほうがいいのか、というものです。

この場面では、敵対的な言動をすることで、ヒロシたちとの信頼関係がさらに深まるだろうと考えました。どうせ、こんな態度の教員が卒業後もヒロシのことを心配して、関わり続けることなどないだろうとも思い、お引き取り願いました。

この場面でもし教員が、「すいませんねぇ、いつも、ヒロシがご迷惑を掛けちゃって」という調子で来たのなら、「いえいえ、先生も大変ですよねぇ」と労ったと思います。そんな教員となら、僕らのような学校外の居場所を提供する大人と役割分担し合うことで、ヒロシの中学生時代を共に応援し続けられると考えるからです。

少女と父に　くつろぎの場

「昨日はどうもすいませんでしたっ！」

「おもしろ荘」前の道路に中学生のハナたち三人が整列して頭を下げています。

「あはは。いいから入りなよっ」

いつもは、「うぃーっす」という調子で上がり込んでくる三人が、この日は神妙です。前夜、警察沙汰を起こし、僕と妻を巻き込んだことを気にしているのです。

事の発端はハナの家出でした。深夜、お母さんから「そちらにいますか？」と電話があり、それを知りました。しばらくして警察から電話が掛かってきました。

「ハナさんがヤスアキくんと一緒らしいです。ヤスアキくんの家、わかりますか？」

ヤスアキは長年の付き合いになる通信制高校生。深夜の電話にもかかわらず、横柄な感じの警察官に、電話で伝えることを躊躇し、「住所はわかりませんが、住宅地図を持ってきてくれたら、ここですということは教えられます」と伝えました。

しばらくして訪ねてきた警察官二人に聞きます。

「家を教えたら、行くのはあなたたちですか？」

「いいえ、自分たちは近くの交番の者で、行くのは本署の別の者が」

「では、実際に行く人を呼んでください。事前に話したいことがあるので」

無線での連絡を受け、やってきた本署の二人は「教えられないって、どういうこと?」とイラッとした様子で玄関に入ってきました。その態度にカチンときながら、「いやいや、こんな夜中に来て『どういうこと?』じゃないでしょ。先ずは上がってよ」と促します。警察官は急かすようにまくし立てます。

「いや、これは緊急事態なんですよ。ハナさんは青少年保護育成条例違反ですし、ヤスアキくんも場合によっては未成年略取誘拐罪に当たりますから」

「説教して連れ帰っても、明日また家出して緊急事態を繰り返すだけですよ」

そう諭し、居間へ通します。2時間半、警察に「講義」をしました。ハナにとっての家は、帰りたくない場所であるから家出をしたであろうこと。ヤスアキはその境遇から、ハナの心情がよくわかるからこそ、同情してかくまってあげているかもしれないこと。そんなハナやヤスアキに対して僕らがどんな関わりをしてきたのか。この先、どんな日々を共にしたいと考えているのか。

そして最後にお願いをしました。

「では、ヤスアキの自宅を伝えますが約束してください。ハナには『無事で良かったよ』とただ一言だけを、ヤスアキには『君のおかげでハナが変な大人に絡まれなかったよ』とそれだけを伝えてください。余計なことを言ったら、警察に抗議に行きますからね（笑）」

四人の警察官を見送り、しばらくして、電話がありました。

「ハナさんを無事、保護しました。ありがとうございました」

2カ月後、想定通り、また家出をしました。今度は数日間、所在不明が続いたことで、単身赴任中のハナのお父さんに初めて会いました。

「娘がお世話になってるそうで」

映画で俳優・哀川翔さんが演じる役柄のようないでたちのおじちゃんが「おもしろ荘」に入ってきました。僕も妻もピーンときました。

「もしかして、ハナちゃんのお父ちゃん？」

「ええ。まったく、迷惑ばっか掛けちまって」

「いえいえ、そんなことないですよ。明るくっていい子で。でも、お父ちゃんも大変だね」

ハナからはお父さんに対する不平不満を時々、聞かされていました。風貌を見て、(こりゃあ、僕でも家出したくなるわ)と内心、思いました(笑)。そんな気持ちを隠して、言葉を続けます。

「男親って、思春期の娘、難しいよね。うちも娘二人なんだけどね。まぁ、思春期の頃は苦労したねぇ」

「いや、ほんとにそう。なぁに考えてんだか、わけわかんねぇよぉ。なのに、さっき、学校行ったら、校長のヤロー、親のせいだみたいな感じでさ。頭来て、怒鳴って帰ってきちゃって（笑）」

（校長先生にも労い作戦、教えてやらなきゃな）

「警察もさぁ、捜索願、出しに行ったら、『本当に父親か証明するもの見せろ』なんて、失礼しちゃうよ」

（いやぁ、僕が警察でも風俗店を運営しているオーナーが店の子を捜しているとしか見えないかもなぁ）

「あはは。そうだったんだぁ」

それからお父さんは、冷蔵ガラスケースに子どもたちが買い求める清涼飲料類と並んで、缶ビールがあることに気づきました。

「ここは、お酒、飲めるんですか？」

「飲めますよ。飲みますか？」

（娘が家出中だっていうのに…）

「じゃあ、1本」

冷蔵ケースから缶ビールを取り出そうとしたお父さんの手が止まり、遊びに来ていた10人ほどの子どもたちに声を掛けました。

「ボクっち、おじさんが奢るから、好きなジュース、1本ずつ取って」

（こんな一面がお父さんの素なのかもなぁ）

それから、お父さんも缶ビールを開け、美味しそうに飲み始めました。僕の妻が「はい、お通し」とスナック菓子を出しました。ビールが進み、結局、3本も飲んだお父さんが言いました。

「いや、こう見えても、昔は俺もワルでさぁ…」

（どっからどう見ても今もワルですけど）とツッコミを入れたくなりました（笑）。

「ガキの頃に、こんな場所があったら、俺もワルにならなかったんだろうけどよぉ」

酔いも手伝ってか、しみじみとつぶやきました。

二度目の家出の解決後も、ハナの気持ちの浮き沈みは激しく、ときには生々しいリストカットの跡が見えることもありました。お父さんが職を失い赴任先から戻ってきたことも逆に心配な要素でした。それでもハナに加えて、お父さんも「おもしろ荘」に来るようになり、一緒にくつろいでいくこともありました。ハナにもお父さんにも心穏やかな日々が訪れることを願わずにはいられません。

引き継がれなかった「配慮」

『学年主任も呼びましょうか』って聞くから、『配慮のできない先生はいらないです』って言っちゃった」

ナオコのお母さんが中学校長との面談を興奮気味に語ってくれました。ナオコは小学1年生のときから「たごっこパーク」に来ていました。宿題で手に鉛筆のすが付くだけで、皮がめくれるほど洗い続けるナオコを心配し、おばあちゃんが連れてきました。そのころのむさぼるような遊びっぷりを今も鮮明に思い出します。

お母さんはナオコの幼少期から働き詰めでした。育児放棄ではありません。ナオコのためを思い、あれもこれも身に付けさせてあげたいと、複数の習い事に通わせていました。その月謝を稼ぐために長時間労働をしていたのです。

しかし、その思いは空回りしていきました。育てにくさに悩むお母さんはナオコにしばしば手を上げるようになりました。「これは虐待だと、自分から福祉事務所に相談に行ったこともあります」と後に聞きました。

ナオコは当初、同世代と交わり遊ぶのが苦手でした。遊び相手をしながら、徐々に子どもたちの輪の中に導いていきました。次第に仲間と生き生きと遊ぶ姿が増え、安堵しかけたのですが、5年生で変化が表れました。女性らしく膨らみ始めた自分の胸を嫌悪し、叩き続けるなどの特異行動が出てきたのです。大好きだった「たごっこパーク」の川遊びも学校の水泳の授業にも足が向かなくなりました。

登校は何時何分と決め、それを1分でも過ぎると登校しないといったこだわりも表れてきました。そこに大好きだったおばあちゃんとの死別が加わってしまいました。お母さんは特別支援員に相談し、担任が特別な配慮をしてくれるようになりました。良い変化が見られ始め、そうした配慮を中学校進学後も引き継いでいくことをお母さんに約束してくれました。

しかし、中学に上がるとナオコは次第に休みがちになっていきました。お母さんが小学校で成果の見られた配慮は引き継がれているのか確認をすると、何も引き継がれていなかったことが発覚しました。憂慮したお母さんの友人の働き掛けでようやく学校との話し合いができました。それでも、教員の無理解な対応は続きました。ナオコが学校から出される課題を少し頑張ると、すぐにもっと頑張らせようとします。それをこなせないナオコは、「課題ができていないから」という理由で学校を休むといったことが繰り返されました。

その頃、僕と妻は静岡から東京まで児童精神科医・佐々木正美先生の主宰講座に足を運んでいました。ナオコのことを学校任せにしたくないというお母さんが「一緒に通って学びたい」と伝えてきて、その後は三人で通うようになりました。そして、ナオコにどういう環境や対応が必要なのかを学び続けました。

ナオコが中学2年生になって担任が替わったのを機に、お母さんは佐々木先生からの学びの蓄積を伝えました。担任は共感を示してくれたものの、ナオコの様子に良い兆しが見られませんでした。そして、担任から電話が掛かってきました。

「ナオコさんは学校での不適応行動が目立ちます。周りの生徒が戸惑うので、問題行動が出やすい生徒だということを学級に伝えたいのですが」

どんな場面でどんな不適応を起こすのか、お母さんは担任に確認をしました。どの場面も佐々木先生から教わってきた学校生活の中で想定される出来事でした。お母さんは講座での学びにしたがって、そうした場面が生じないようにこんな配慮をしてほしい、それでもこうなってしまったときにはこういう対応をしてほしいとお願いをしてきました。それらを実践しても不適応行動が随所に出てしまうのかと尋ねると、学級担任以外の各教科担任とは何も共有されていないことがわかりました。担任のその判断は学年主任の指示であることもわかりました。

あれほど共有をするようにお願いをしたのに…。不適切な関わりを続けておいて、ナオコを問題児扱いとは…。落胆したお母さんは学校長に直談判を申し入れました。それが冒頭の場面です。

その後しばらくして、ナオコの同級生の失踪事件が起こりました。ナオコはお母さんに「たぶん、自殺してると思うよ」と言ったそうです。学校で理不尽に怒られている同級生の様子からそう感じたそうです。しばらくして、その同級生の遺体が発見されました。「指導死」が疑われる事案でしたが、保護者説明会での学校側の話にうやむやさを感じたお母さんは、ナオコのことについて、もう学校へは何も期待しないと心に決めました。

中学卒業後の進路は学校の勧めに耳を傾けることなく親子で探しました。そして、ナオコが好印象を持った通信制高校に入学。それでも、課題の提出やスクーリングへの参加が難しいことが何度もありました。その都度、ナオコのような生徒たちばかりを見てきている教員たちの温かく粘り強い関わりにより、卒業までたどり着くことができました。

もうひとつ、ナオコの育ちに好影響を与えたのがコンビニエンスストアでのアルバイトでした。多くの業務がマニュアル化されているので、臨機応変が苦手なナオコでも、やりやすかったのでしょう。アルバイトで稼いだお金で海外旅行に出かけるという張り合いもあり、長く続いています。中学生の頃には、一時期、寝るだけでなく、生活のほとんどを布団の上で完結させていたナオコ。

「そのことを思うと、度々、海外に出かけるなんて夢のようです」

お母さんはしみじみと言います。

「支援」できぬまま９年間

「オレ、中学に懐かしさとかねぇなぁ。ははっ」

ハルキはそうつぶやき、最後にほんの少し寂しげに笑いました。

「あの学年で高校に行けなかったの、マサヤとオレだけだし。ははっ」

そう言葉をつなぎ、自嘲気味にまた笑います。２００４年に「ゆめ・まち・ねっと」を立ち上げ、その年の暮れから年明けにかけて、８日間連続で「たごっこパーク」を開催しました。当時、小学生のハルキは、大晦日も元日も８日間毎日来た五人のうちのひとりでした。

入居費が安価な古い県営住宅にお母さんと姉と暮らしていました。お母さんと地域の同じ役員になったことがありますが、１年間、お母さんは会合にも行事にも一度も来ませんでした。ハルキは、水商売を終え深夜に帰宅するお母さんに、真冬でも叩き起こされ、団地の外にある自販機にタバコを買いに行かされると嘆いていました。

ある日、「事件」が起きます。ハルキが年下の子どもたちに自分が勝てそうな条件の賭けを持ち掛けては、小銭を巻き上げていたのです。子どもの訴えでそのことを知った妻が激しく叱責《しっせき》しました。ハルキは小銭を返し、うなだれるように団地へと帰っていきました。

「これでもう来なくなっちゃうかなぁ…」

関係性を築いてきたと信じるからこその初めての叱責でしたが、それでもこれで良かったのだろうかと自問自答する妻。次の開催日、いつも通り遊びに来たハルキに二人で安堵しました。

この一件を経て、ハルキは我が家にもよく来るようになりました。空き地に捨てられていたものを「これ、たごっこパークで使えんじゃねぇ」と子ども向けの活動がない日に届けに来ることが時々ありました。我が家へ立ち寄るためのハルキなりの大義名分なんだろうなと微笑ましく思えました。

ハルキは中学を卒業すると高校には進学せず、就職しました。

「ま、オレ、バカだし、家に金もねぇから仕方ねぇけどよ」

高校に進学できなかったことを時折、自嘲気味に嘆きます。お母さんはハルキと姉の稼ぎを当てに団地からの引っ越しを即決。稼いだ給料は家賃だけでなく、お母さんの飲み代や娯楽費に消えてしまうとハルキはまた嘆きます。それでもお母さんを見捨てることがないハルキの心情を思うと、胸が締め付けられます。

「免許取れたから姉貴の車借りて来たよ」

ある日の「たごっこパーク」にちょっぴり自慢げにやってきたハルキ。教習所の費用は約30万円。

「支払う前にさぁ、オレも頑張ったなぁと思って、30万の札束、スマホで撮っちゃったよ。ははっ」

照れ笑いをしながら、そんな逸話を教えてくれました。

今も付き合いの続くハルキですが、「支援」と呼べるようなことは何ひとつできていません。遊び場に行けば、いつもいる夫婦。自宅を訪ねれば、いつも出迎えてくれる夫婦。ただそれだけの存在。その中で、家庭、学校、職場、地域に対する数々の嘆きや憤りを聴いてきました。

「みっきぃ、上司にさぁ、お前、障碍があるから病院へ行ってこいって言われたんだけど、行ったほうがいいのかなぁ…」

同時にハルキはいつも日常の中に見出すささやかな喜びや楽しみも語ります。

「たっちゃん、〇〇ってラーメン屋、知ってる？　あそこ替え玉無料だから、腹減ってるとき、絶対いいぜ」

健気な日々を送るハルキのつぶやきをこれからも聴き続けようと思います。ハルキにきっと訪れる大きな希望を信じて。

環境に揺れる子どもたち

17歳のアケミとの出会いは小学4年生のときでした。その出会いは印象的でした。「たごっこパーク」の丸太椅子にペンキ塗り作業をしていた僕のところへ、「んちゃぁ」と明るく寄ってきました。初対面なのに屈託のない女の子で、こんな会話を交わしました。


「わたしもペンキ、塗りたいんだけど」

「おっ、いいよ」

「ペンキ、塗ったこと、あるの?」

「ないけどね、お父さんが塗ってた」

「塗ってたって、今はやってないってこと?」

「ん〜やってないっていうかね、どっか行っちゃった(笑)」

「そうなんだ…」

「うん、お母さんが『ありゃ、不倫だな』って言ってたよ(笑)」

「そぉ…」

「お父さんね、お店の看板とかに字とか絵を描いてたけど、自分の背中にも絵が描いてあってね。龍の絵が描いてあった（笑）」

アケミはこの日以来、「たごっこパーク」に欠かさず遊びに来るようになりました。雨が続くと、空模様を眺めながら「洗濯物が乾かないなぁ」とつぶやきます。キャンプへ行けば、ジャガイモやリンゴの皮むきもお手のもので料理の仕込みを手伝ってくれます。アケミのお母さんは自身も病気を抱えながら、重い障碍のあるアケミの妹の育児にも追われていました。アケミには兄もいましたが、中卒でニート状態ということでした。

お母さんを助け、家事に精を出し、妹の面倒も見るアケミ。まるで小学生にして、一家の大黒柱のようなアケミの健気な奮闘に感心しながらも、厳しい思春期を迎えるだろうなぁと心配していました。案の定、中学生になると金髪になったアケミ。学校は当然、金髪での登校は認めませんでした。

「黒髪に戻すまで学校に来るなだって」

アケミからそんな罰が与えられたことを聞き、それまで以上に「遊びにおいでよ」と声を掛け続けました。学校と同じような罰という名の「排除」だけはしたくないと思ったからです。

「たごっこパーク」では相変わらず、作業のお手伝いをしてくれました。公園内のテーブルにペンキを塗っていると、すぐに寄ってきます。

「ちょっと、ちょっと、たっちゃん。それ、わたしの仕事でしょ」

そう言って、黙々と続きを引き受けてくれました。「おもしろ荘」でのお泊まり会では、小学生たちを上手に仕切りながら、夕飯づくりをしてくれました。

それでも、高校進学をしなかったアケミは、同じような境遇の仲間との交友関係が広がり、次第に顔を見せなくなりました。最近、どうしているかなぁとアケミの家族が心配になり、小さな借家を訪ねると、もぬけの殻。音信不通の日々が続きました。

1年後、アケミと仲が良かった僕の娘が「アケミ、フェイスブックやってるよ」と教えてくれました。「お米をいただいたから、お裾分けしようか?」とメッセージを送ってみました。すぐに「ありがたいです。お願いします」と返事が届きました。

再会すると、妊娠の報告がありました。アケミと似たような境遇の女の子たちとの出会いでは、堕胎やシングルマザーとしての出産なども珍しくありません。そんなことを案ずると、「ちゃんと、結婚するよ」と笑顔を浮かべます。一緒に来たお母さんも「向こうのお父さんが大喜びでね」と安堵の表情。僕らも少し安堵し、「たごっこパーク」でのあんな思い出、こんな思い出に話の花が咲きました。

その後、アケミから「生まれたから、見せに行くね」と嬉しい連絡が届きました。「おもしろ荘」にかわいい赤ちゃんを抱いて、アケミが来てくれました。お母さんも一緒で、もうひとりかわいい赤ちゃんを抱いていました。

「あれ、アケミ、双子とかって言ってたっけ?」

そう聞くと、お母さんが少し恥ずかしそうに言いました。

「こっちは私の子なんです」

親子で同時期に出産をしたのです。しかもお母さんはシングルマザー。アケミを含め四人の子どもの相手はすべて違う男性です。それでも、こうしてアケミとお母さんがそれぞれ生まれた我が子を嬉しそうに見せに来てくれる場であって良かったと思います。厚生労働省の調査では、虐待死が起きた家庭の7割が地域からの孤立家庭だったという報告もあります。アケミと母親のそれぞれの子育てを見守り続けられたらなと思います。

仲間と共に歩む

わかりやすい地図

「みっきぃ、今度さぁ、オレの事務所のイベントがあるからさぁ、来てくんない？」

活動の相棒でもある妻に26歳のレンがお誘いをしてきました。「オレの事務所」というのは、レンが在籍する障碍者就労支援事業所のことです。

「わかりやすい地図、書くからさぁ」

そう言いながら書いてくれた地図に妻は目をパチクリ。

「この大きい丸が駅で、こっちの丸が交差点さぁ。途中にセブン（イレブン）があるから、わかりやすいでしょ？　宝くじ屋まで行ったら、行きすぎね」

駅だという丸と交差点だという丸は、道路だと思われるいびつな線でつながっています。「セブン」はセの字だけ平仮名で「せブン」と書いてあります。「宝くじ売り場」は「く」にも濁点が付いて「たからぐじ」となっています。いったいそれらが駅からどのくらいの距離なのかはさっぱりわかりません。

レンは子どもの頃から「たごっこパーク」に遊びに来ていた若者に連れられてき

たのが出会いでした。気立てのいい若者でしたが就労ができずにいました。その後、レンは「たごっこパーク」にも「おもしろ荘」にもよく来るようになりましたが、こちらからは就労の話題をしませんでした。レンに限らず、本人が望んでいない支援を申し出ることで関係性を壊すことがないようにと思っているからです。

出会って2年が経った頃、「たごっこパーク」の焚き火を囲んでいると、「俺もさぁ、どっかで働きたいんだけど」と相談してきました。本人がそうした希望を口にしたときには速やかに対応してあげようと思っていました。若者就労支援機関を運営する知人に相談に乗ってもらいました。これまでの経緯から、発達検査をしてみようということになり、結果、知的な障碍が認められ、療育手帳を取得しました。そして障碍者就労支援事業所で働き始めました。

「たごっこパーク」に来ると、そのとき、そのときにやっている仕事を報告してくれました。クッキーづくりなどわかりやすい仕事もあれば、押しボタンの耐久性を検査するために、ひたすらボタンを押し続けるなど、詳しい説明を聴き出さないとわからない仕事もありました。「今はパン工房でパンを焼いているよ」と聞いて、仕事ぶりを見に行ったときには驚きました。レンは自動車免許がないので自転車で通勤をしているのですが、自宅から工房までは20㎞もあったのです。

ガラス張りのパン工房内で働いていたレンは、僕ら夫婦を見つけると、驚いた表情を浮かべました。声援の意味を込めてガッツポーズを送ると、レンも人懐っこい笑顔でガッツポーズを返してきました。頑張るレンの姿を見て、本当に嬉しくなりました。

仲間と歩む

レンが呼んでくれた障碍者就労支援事業所のイベントで、レンと共に裏方を務めていたのが25歳のリョウでした。レンが足繁く遊びに来るようになったころ、「高校の後輩、連れてきたぜ」と紹介してくれたのがリョウでした。リョウもまた就労できずにいました。高校を卒業後に就労した最初の職場を3週間で離職。以後はアルバイトさえやったことがないと言っていました。

「自分もこういう場所で働きたいんですよね。でも、うちの親に話をしたら、『お前は障碍者じゃないだろ』ってお母さんが怒っちゃって…」

リョウはうなだれながら力なく話してくれました。

「みっきぃ、リョウもなんとかなんないかなぁ」

レンがそう言うと、リョウは、出会って以来初めて、強い口調で自分の意志を告げました。

「僕ももう成人してるんで、自分のことは自分で決めたいんです。お願いします」

リョウの並々ならぬ意志を受け、市役所に相談をすると就労支援機関を紹介されました。しかし、担当者は保護者の了解に強いこだわりを示しました。リョウのせっかくの強い就労意欲を無駄にしたくなかったので、市役所担当者に、僕らが動くからなんとか本人責任で手続きをしてもらえないか頼み込みました。市役所担当者は、医療機関から障碍者就労支援事業所で働くのが適当であると判断できる診断書がもらえれば手続きを進められると助言をしてくれました。

そこで、僕らが社会的養育をしていた子の主治医に連絡しました。事情を汲んですぐに診察予定を取ってくれました。診察後に、障碍者就労支援事業所での勤務に該当する病名の記された診断書を出してくれました。それを持って一緒に市役所へと向かい、就労支援を受けるための手続きをしました。

「最初の給料が出たら、みっきぃ・たっちゃんにごちそうしないとですね」

屈託のない笑顔で働く喜びを口にするリョウに、僕らも嬉しくなりました。

レンもリョウも子ども時代に特別支援学級・学校に属していたことがありません。一般の全日制高校を卒業しています。そして二人とも就労がうまくいかずに困っていました。こうした若者に出会うといつも、こんな障碍名や症状名があてはまるのかなぁというかりそめの見立てをします。レッテルを貼るという意味ではなく、できるだけ、心地よい関わりをしてあげたいと思うからです。足場のなかった若者たちに楽しい居場所ができ、人との交わりに喜びを感じるようになると、レンやリョウのように次へと向かいたいという希望が語られるようになります。

それにしても、と思います。幼児期はまだしも、小学校、中学校、高校の代々の教員たちの誰ひとり、「この子は特別な配慮が必要だな」と思わなかったのだろうかと。僕らはレンやリョウのような若者とちょっと過ごせば、すぐに発達特性を感じます。それなのに見過ごされる、あるいは先送りされる。その結果として、中学校や高校を卒業したあとに、就労につまずき、社会参加も限定的になっていく。一方で、福祉的支援の場には浮上していない。そんな若者たちが相当いるんだろうなぁと思います。僕らのように若者就労支援を目的に掲げているわけではない場所でもそうした若者に次々と会うのですから。

リョウの事業所通いが安定してきたころ、レンから電話がありました。

「オレ、今度また新しいところで働くことになったから」

就労支援事業所から企業への就職が決まったという嬉しい報告でした。そして、こう付け加えました。

「リョウもさぁ、ずっと頑張ってるみたいだしさぁ、そのうち、オレみたいになるといいんだけど」

仲間の奮闘を喜ぶレンの優しさもまた嬉しいものでした。

難しい話をしたいんだ

「たっちゃん、今日はなんか難しい話がしたいんだ」

小学6年生のツヨシが「たごっこパーク」に到着するなり、そう声を掛けてきました。自然が大好きで、木工作や竹細工の腕前が抜群なツヨシは、常連中の常連でした。いつもは「たっちゃん、ベーゴマの勝負しよっ」なんて声を掛けてくるのに、この日は違いました。「難しい話って?」と返すと「じゃあ、郵政民営化」。当時は小泉政権でした。続くお題は北朝鮮の拉致問題。七輪の焚き火に当たりながら二人で「難しい話」をし続けました。

そのときは、ツヨシの求めに応じるためにあえて聞かずにおいた質問を中学生になってからしてみました。

「あのとき、なんで難しい話をしたかったの?」

「あったねぇ、そんなこと。6年生のとき飼育係をしてて、金曜日に鳥小屋の餌がなくなったから、顧問の先生に補充をしてって言ったんだけど、『鳥は2、3日、餌を食べなくたって死なない』とか言われて。いつもは生き物を大切にしなさいとか言ってるくせに。金曜日の夕方だったからなのかさ、まともに話、聞いてくれなくて。それでなんだか大人とちゃんとした話がしたかったんだ」

ツヨシはある日、唐突にこう切り出しました。

「僕、友だちつくるのやめます」

「どうしたの？」と聞くと、「友だちだと思ってたけど、ただのパシリだったんです」と少し寂しげに答えました。そんなつぶやきからほどなく、角材を削って、彫って、完成させた見事なフクロウの置物を見せに来てくれました。

「これ、家に飾ってください」

高校生になり忙しくなっても、時間が合えば「たごっこパーク」に遊びに来ていました。3年生になると「大学で農業とか学びたいんです」と自然が大好きなツヨシならではの進路希望を語りました。AO入試に向けて、交流のある農場を紹介するなど協力。ツヨシは県外の志望大学に合格しました。


「こんちはーっ！」

冬休み、「おもしろ荘」で中学生向けの高校受験対策をしていると、大学生になったツヨシが現れました。

「家、顔出す前にこっちに来ました」

嬉しいことを言ってくれます。

「パソコン、貸してください」

大学で発表したジグモ（地蜘蛛）の調査研究結果を僕らにも解説してくれると言うのです。受験対策学習の時間に突然、割り込んできたことを気にするそぶりはまったくありません。相変わらずなツヨシがジグモの生態について生き生きと語る姿に大学生活の充実ぶりがうかがわれ、嬉しくなりました。

その後、大学院に進学したツヨシからあるとき、電話がかかってきました。

「心が折れそうになっちゃって」

聞くと、研究室での人間関係に悩んでいるということでした。ツヨシの言い分は十分に理解できましたが、担当教官や学生の気持ちもわからなくもありませんでした。それでも、そのことは伝えず、学校とは違う場所で過ごしてきたからこそ見てきたツヨシの持ち味を伝えました。

「こういう持ち味をさ、誰かを喜ばせるために使ったらいいよ。その誰かからの喜びは、自分にとっても最高の喜びになるから」

そう励ましました。

「ありがとうございました。今度、調査研究で屋久島に行くんです」

前向きな予定を伝え、電話を切るツヨシ。出会いから10数年、たくさんのことを教えられました。

「ありがとうはこちらのセリフだよ」

そう、ひとりつぶやきました。

心情を想像し合える連携

「わわわ〜わぁ〜」

ペットボトル入り炭酸飲料を開けるなり大量に中身が吹き出し、パニックになる男の子。放課後の居場所として開いている「おもしろ荘」におじいちゃんの車でやってきました。ペットボトルは車の中で転がっていたのでしょう。慌てて僕の妻が男の子の服や床を拭き始めました。そのことで落ち着きを取り戻したのかもしれません。まだ床を拭いている最中の妻に男の子が話し掛けます。

「じゃあ、みっきぃ、問題出すよ。このポーズは、何の仮面ライダーでしょう」

妻があまりの切り替えの早さに苦笑しながら、「拭き終わるまで待っててね」と制します。「拭き終わるまで」と約束しましたから、拭き終わるのを見るや、「じゃあ、いくよ」とポーズを決めます。僕やスタッフも参加して、知っている仮面ライダーの名前や適当な名前を答えるごとに男の子が呼応します。

「仮面ライダーゼロワン」

「ブブーッ」

「仮面ライダー28号」
「そんなにいないよ」
「仮面ライダーソーシャルディスタンス」
「あのね、いい、頭で考えるんだよ。ポーズをよーく見て、ここ（頭を指す）で考えるの」

僕の妻は地域の民生委員・児童委員もしています。仮面ライダーくんは、妻の担当地区に居住しています。行政から見守りを依頼されたときには、すでによく知る「おもしろ荘」に来ている子だったので、家庭との関係づくりも容易でした。

何気ない日常を重ねる「おもしろ荘」。僕らがお膳立てをした遊びプログラムなどはありません。みんなで一緒に同じことをして遊ぶということもしません。それだけに、一人ひとりの特性が見えてきます。そこには、保護者や教員がマイナス特性だと思っていることだけでなく、持ち味と呼べるような特性も含まれます。その持ち味を保護者に伝えることで、家庭での育ちを応援するということができています。

他地区の民生委員仲間が気に掛けている子どものほとんども「おもしろ荘」や「たごっこパーク」で出会っています。ＮＰＯ活動と並行して、里親や民生委員・児童委員もやっている立場を生かし、福祉行政のお手伝いができればと思っています。

子どもたちにできる大人の連携

「今日来た子、親から虐待を受けてるんじゃないかなぁ」

「おもしろ荘」を閉じたあと、初めて遊びに来てくれた子について、僕はそんな見立てを妻に伝えました。年齢の割にとても低身長で痩せ細っていました。頭に大きなかさぶたがありました。何度も出血を繰り返してできたのではないかと思うかさぶたでした。

「明日からも来てくれるといいね」

そんな妻の願い通りに、翌日からも学校帰りに足繁く立ち寄ってくれるようになりました。おしゃべりが大好きで他愛もない話をたくさんしてくれました。そんな時間を重ねたある日、その子は妻に身体の傷を見せながら、こんな告白をしてくれました。

「ここの傷はお父さんにやられたの。血がとっても出たけど、病院に連れてってくれなくて。でも、ずっと血が止まらなくて、『お医者さんに親にやられたって言わないこと』って条件でやっと病院に連れていってもらって。頭にも大きなかさぶたがあるでしょ。これは自分が悪いことをすると横に抱えられて、壁に頭を打ち付けられるの。それでこんなになっちゃって」

翌日は、「たごっこパーク」の開催日でした。川遊びをしている子どもたちを土手

の上から眺めていると、横にちょこんと座りました。僕はそのとき、菓子パンを食べていました。そしてこんな会話を交わしました。

「それって美味しいの？」

「ん～どこにでも売ってるやつだからねぇ。しかも賞味期限が近くて半額（笑）。まぁフツーの味だね。半分、食べる？」

「うん、食べたい」

パンを頬張り、屈託のない笑顔で言いました。

「美味しいねぇ！」

「そう？　菓子パンとか食べたことないの？」

今度はさっと暗い表情に変わります。

「ない。ていうか、もうずっと家でご飯を食べたことがないよ」

「えっ!?　じゃあ毎日、給食だけ？」

「うん」

僕らに心を許してくれたのか、立て続けに不適切な養育を受けていることを話してくれました。こうしたことは学校の先生には言ったことがないし、心配されたこともないとも言いました。

そんなことを伝えてくれた矢先に学校の担任教員から電話がありました。

「おたくらは、親の了解もない子どもをなんで遅くまで平気で遊ばせているんですか」

確かに帰路に着く時間が日に日に遅くなっていました。しかし、そこには、帰りたくない家といつまでもいたい「おもしろ荘」という理由があります。不適切な養育に気づいていないと同時に、遅くまで「おもしろ荘」にいることの心情を想像しようとしない教員は、保護者の訴えだけを真に受けて、僕らに強く抗議をしてきました。

「子どもは帰りたい家なら早く帰りますよね。遅くまでいることには理由があると思うんです。先生はご家庭の様子を把握されていますか?」

そう尋ねてみましたが、「個人情報なので答えられませんね」と返されてしまいました。居場所の提供はできなくなりますが、学校との連携が望めないのならと、児童相談所へ虐待通告をし、一時保護となりました。のちに児童福祉施設に入所したことを仲の良かった子から聞かされました。福祉的な視点からの連携が学校とも取れないものか、思い悩む日々です。

いたずらな笑顔を浮かべるチナミ

「お久しぶりです♥」

(フフフ、わからないでしょ?)という感じのいたずらな笑顔で挨拶をしてきたのはチナミでした。さすが妻はすぐにわかったと言いましたが、僕はお化粧をした若者がチナミだと気づくのに間がありました。

小学生のとき、僕らの活動地域に越してきたチナミは、お父さんと二人で古い長屋に住んでいました。「たごっこパーク」常連のスズのおばあちゃんがその長屋に住んでいました。おばあちゃんから「ご飯をまともに食べさせてもらってないのか、頻繁に『ご飯ください』って食べに来ちゃうのよ」と聞かされました。お父さんは仕事が長続きせず、近所づきあいも悪いので、居所も転々としているらしいと言っていました。

「たごっこパーク」に頻繁に遊びに来ていましたが、帰りが少し遅くなったある日、お父さんから僕の携帯に電話が掛かってきました。

「なんで、校則(17時帰宅)を守らせないんだっ!」

(帰りたくない家なんじゃないですか)という言葉を呑み込み、「ご心配なら、お迎えに来ていただいたらいいと思うんですが」と返すと、「そんな問題じゃねぇだろ。学校に言うからな」とえらい剣幕で電話を切られました。

出入り禁止になったのか、しばらく遊びに来なかったチナミが数カ月ぶりに来た日を鮮明に覚えています。いつもは歩いてやってくるチナミが、お父さんの車で来たのです。公園に横付けした車から大音量の音楽が鳴り響き、チナミが降りると、エンジン音を轟かせて走り去りました。嬉しそうに駆けてくるチナミに伝えました。

「おうちに帰ったら、お父さんに、『たっちゃんがヒルクライム（先ほどの楽曲の歌手）、貸してほしいって言ってたよ』って伝えて」

お父さんともこれを機に関わりを持ってみたいと思ったのです。けれど、チナミとの別れは突然、やってきました。隣家のおばあちゃんの話では、職場をクビになり、転居したということでした。再会はそれから8年が過ぎ、チナミは19歳になっていました。再会に至る波瀾万丈の8年間を語ってくれました。

両親の離婚はお母さんの育児放棄によるもの。当地を離れたあと、中学卒業まではお父さんと暮らしていた。不仲だったお父さんと離れたくて地元の高校に進学せず、遠方の祖父母宅からタレント養成学校に通学。しかし、「ブラック企業」のような学校だったので、自主退学。そんなころ、お父さんが来て、暴力を振るうようになり逮捕。児童相談所の一時保護所から児童養護施設に入所。18歳になったことで措置解除。引き取り手はお母さんになった。

たったひとりの女の子が経験したとは思えない日々。それをチナミは憤りを込めた口調でもなければ、思い出して涙ぐむということもなく、淡々と語っていきました。これまでの日々に感情を抱くことを無意識に封印しているのだろうか。それともこんな風に語らないと涙が溢れてしまうから、あえてそうしているのだろうか。「ねぇ、聞いて、聞いて!」という感じではないけど、とめどなく語り続けるチナミの心情をぐるぐると想像しながら、耳を傾けました。

そんな8年間を語ったあと、チナミはこう言いました。

「施設を退所できたら、また、『たごっこパーク』に行きたいって思ってたんです」

そんな風に思ってもらえるほど、個別に支援をしたわけではありませんでした。それでもチナミはこう付け加えてくれました。

「あのころ(小学生のころ)が一番辛くて、『たごっこパーク』で遊んでいるとそれを忘れられたから。本当に大切な場所だったし、救われていました」

なんとも活動冥利に尽きる言葉をもらいました。ただ、この先の暮らしも心配なチナミ。LINEの交換をし、つながりを持ち続けられるようにしました。いつかチナミにも平穏な暮らしが到来することを願い、応援し続けたいと思います。

明日の先に 希望はある

「どうしよう。お母さんが死んじゃうよぉ」

母子家庭に暮らすトモキが泣きじゃくって電話をしてきました。救急車の手配を指示し、僕と妻もトモキの家に向かいました。翌朝、搬送先の病院でトモキのお母さんは息を引き取りました。生きる励みであったトモキの中学卒業を見ることなく。葬儀にはトモキの親戚のほか、学校関係者、僕らの活動仲間、民生委員ほか数名が参列しました。ご近所の人は誰もいませんでした。小さな葬儀が終わり、帰路に着こうとしたところで、親戚に声を掛けられました。

「渡部さんですか？ トモキが長年、お世話になっているそうで。ありがとうございます。実は親戚一同誰もトモキの存在を知らなかったんです」

生前、トモキのお母さんに初めて会ったとき、僕ら夫婦に伝えてきた言葉が忘れられません。

「私はもう十何年も近所の人と口を利いたこともないんです」

近年、孤立した子育て＝「孤育て」が指摘されますが、その典型のようでした。

トモキは出生時から母子家庭でした。水商売をしていたお母さんがその関係者たち複数に乱暴され、誰が父親かわからない状況で生まれたのがトモキでした。小学生のトモキと出会った頃には、お母さんはすでに病弱で入退院を繰り返していました。トモキの兄が家計を支えていましたが、兄はその後、ひきこもりに陥り、一家はさらに貧困化しました。

中学生になったトモキは、僕らにいじめの話をつぶやいてくれました。給食のとき、机にごきぶり駆除用のエサを置かれた。登校時に同級生に囲まれ、「乞食」「臭い」とののしられ、香水を振り掛けられた。ほどなく、トモキは不登校という形の避難を選択しました。

家庭の貧困による生活保護申請とトモキの不登校の長期化により、地域の民生委員、主任児童委員と出会いました。二人とも親身にトモキの家庭を支え続けてくれました。二人の委員は、トモキが唯一信頼を寄せた学年主任に働き掛け、僕ら夫婦も参加するケース会議が継続的に開かれるようになりました。担任教員は毎年度替わりましたが、異口同音に「トモキは同学年の子と上手に交われない」と報告しました。そしていつもトモキの欠点や短所を指摘し、その改善を課題にしてきました。これにはいつも反論していました。

「たごっこパークにはトモキとは違う中学校に通う同学年がたくさんいますが、いつも楽しげに交わり遊んでいます。学校で同学年と上手に交われないのは、取り巻く人間関係が違うからだと思いますよ」

そして、僕らは毎回、「たごっこパーク」でのトモキの生き生きとした画像を見せては、意識的に利点や長所を教員に伝えました。そんなトモキの持ち味を知る仲間が多く存在するから、トモキは「たごっこパーク」を居場所にしているのだと説きました。

トモキとは、「たごっこパーク」での関わりとは別に、個別的な関わりもしました。トモキの「明日」に不安を覚えていたからです。作家・重松清さん原作のいじめ自殺を題材にした映画「青い鳥」のDVDを自宅で一緒に見たこともありました。いじめ問題を考える市民の会が主催した映画鑑賞会に誘い、やはりいじめ問題を取り上げた「かかしの旅」を鑑賞したりもしました。希望が見えない状況にいるだろうトモキに、それでも明日を重ねる先に、きっと希望があると伝えたかったのです。

トモキが明日を夢見て今日を生き続けたのは、僕ら夫婦がいたからではないと思います。「たごっこパーク」では、学校と違い、数多くの同世代の仲間に恵まれました。仲間と川に飛び込み、ドラム缶風呂に入り、廃材基地づくりをして遊ぶトモキは本当に生き生きとしていました。一緒に遊んだ仲間が帰り際に掛けてくれる「トモキ、また明日ね」は、希望の言葉になり続けたことでしょう。

仲間の親たちもトモキの支えになってくれました。家出をしたときの受け皿になってきたサトウさん、ひとり息子の兄代わりになるからと自宅に招いては、食事を提供してくれたヤマダさん。

そんな仲間に出会い、大人たちに出会い、間もなく中学卒業という時期にお母さんが亡くなりました。お母さんの逝去は、トモキの奮闘につながるかもと期待しましたが、現実はなかなかドラマのようにはなりませんでした。トモキは、中学卒業後、学年主任の仲介で飲食店に勤務しました。しかし数カ月後、「ちょっと身体がキツくて」と辞めてしまいました。以後、飲食店、コンビニ、土木現場などに勤めては、短期離職を繰り返しました。警察沙汰を起こすこともしばしばありました。年下の小中学生から返済期限のない「借金」を重ねていると知ったときは、落胆しながら肩代わりをしました。

「育ちを信じ、今を共に生きる」

敬愛する児童精神科医・田中康雄先生からの教えが揺らぎもしますが、屈託のない笑顔で仲間と川に飛び込んでいた日々は、きっとトモキの心にいつまでも残り続けていると信じていたい僕らがいます。

機能不全家族

23歳のマミ。出会いはマミが高校1年生のときでした。子どもの頃から「たごっこパーク」に来ているレナの高校の同級生でした。レナが「友だちが大変でね。たっちゃんちで何とかしてあげられないかな」と連れてきたのです。あの日の「家出騒動」はお互い、鮮明に覚えています。

「ヤバい。お父さんの車かも」

「なんでここがわかったんだろ」

「ケータイのGPSかな」

「電源落とせ、落とせ」

今でこそ、笑い話として語り合っていますが、緊張の場面でした。マミから事の経緯を聞いているときに、裏の空き地で車の音がしました。暗闇の中に浮かぶ車がお父さんの車に似ているとマミが言い出したのです。結局は人違いならぬ、車違いだったのですが。

当時のマミは精神的に疲弊していました。複雑な構成の八人家族を「機能不全家族」と評したマミ。食事はいつも家族バラバラ。「誰にとっても居場所になっていない冷たい家」だと言っていました。

1カ月ほど我が家で過ごしたマミは、帰宅することを決めました。「本当は毎日、ここにいたいけど、妹弟を守らなきゃ」という姉としての思いからでした。何かあったときはいつでも我が家へ戻ってこられる、という安心感もあったことでしょう。

新たな居場所を得て、帰宅を決めましたが、親との関係が修復されることはありませんでした。顔を合わせれば、諍《いさか》いが起こるということの繰り返し。その都度、「今日も行っていい?」と連絡があり、我が家の娘たちよりも早く「帰宅」してくることがしばしばでした。「ねぇ、聞いて!」。堪え切れない憤りをぶつけてくるときもあれば、こみ上げる悔しさに涙を流すときもありました。

僕らが主催した子育て講演会で、児童精神科医・佐々木正美先生は「無理解な養育を受け続けた子どもは、ときに親を殺したいと思うほどの憎しみを抱きます」と語りました。講演会後、「マミも親を殺したいと思うことある?」と尋ねてみました。僕らの前では、いつも笑顔を絶やさないマミの表情が厳しい顔に一変。低く、力のこもった声でこう言い放ちました。

「殺したいって言うか、ぶっ殺したいよね」

目の前に親がいたら、本当に殺しかねないような顔つきは、今も忘れられません。殺意を覚えるほどに不適切な養育を受け続けたマミに「きっといつか希望が訪れるからね」と伝え続けました。

関わりから生まれる「根拠のない自信」

マミは「たごっこパーク」の人気者になりました。当時のことを視察に来た方々とのふりかえり会に同席したマミはこう言いました。

「自分の境遇のせいか、初めは子どもが嫌いでした」

マミのような境遇の子に何人も会ってきました。不適切な養育を受けて、兄弟姉妹が何人かいて、「子どもが嫌い」「小さい子は苦手」「子どもってどうやって相手をしていいかわからない」と異口同音に言うのです。

マミの子ども嫌いを知る由もない小さな子どもたちは、最近、見るようになった「お姉さん」に寄っていきます。マミにいつもニッコニコの笑顔を向ける幼児。「マミ、川遊び、行こっ」「マミ、キャッチボール、やろっ」と遊び相手をせがむ小学生。「ねぇ、マミ、どう思う?」と思春期ならではの悩みを相談する中学生。

そんな子どもたちに、ときに遊び相手として、ときに相談相手として頼りにされ、「機能不全家族」の中で萎んでいた自信が膨らんでいったようでした。それは、他者から信頼される、だから自分のことも信じられる、という本当の意味での自信です。他者よりあれが優れている、これができる、という見せかけの自信=優越感は、自分より優れた人の前ですぐに劣等感に変わります。でも、マミが手に入れていったのは、何点とか何級とか何賞といった物差しでは測れない、「根拠のない自信」

でした。

先のふりかえり会での言葉をこうつなぎました。

「でも、参加しているうちに、どんどんどん温かい気持ちになって、自分もいつか子どもたちのためにこんな心温かい居場所をつくってあげたいなぁと思うようになりました」

通学する高校でも良き出会いがありました。障碍のある子息を早くに亡くしたベテラン教員は、それゆえにマミのような境遇の生徒に親身になって寄り添ってくれました。校長はマミの欠点とされる特性を愛くるしい個性として受けとめてくれました。高校の3年間、事あるごとに我が家で過ごしたマミは、進学した大学で幼児教育を専攻しました。進学後も大学での学びを実践に結び付けるために、足繁く、「たごっこパーク」にやってきました。卒業後は、静岡県外のNPO法人に所属し、子どもの遊び場づくりに携わることになりました。

そんなマミが交際相手と共に、「たごっこパーク」に来ました。

「結婚することにしました。婚姻届に署名してください」

マミの複雑な心境に思いを馳せながら、一字一字、心を込めて、署名をしました。

「結婚、おめでとう」

子どもも大人もその人のせいではない

ユウダイと関わり続けて

「たごっこパークで小学生時代を育ち、たっちゃんのお宅で中学生時代を過ごし、道をそれずに社会人になりました。そして、来月パパに。まわりの力に感謝、感謝です」

長く関わり続けたユウダイのお母さんが息子の育ちについて、こんな風にSNSに投稿してくれました。でも、この投稿の時点で、お会いしたのはユウダイが中学1年生のときに二度だけ。お父さんもいましたが、一度もお会いしたことはありませんでした。

「たごっこパーク」に足繁く来ていたユウダイは、中学生になると「個別学舎寺子屋」で週に3回ほど勉強するようになりました。中学校では、制服をわざと着崩し、教員に反抗し、給食や部活の時間から登校することも度々ありました。でも、「寺子屋」では「なんか宿題、出して」と志願するほど、意欲的に勉強に励んでいました。その成果が表れ、志望校に合格しましたが、両親から感謝を伝えられることはありませんでした。その後も、就職が内定したときも、晴れて高校を卒業したときも、縁に恵まれて結婚が決まったときも、何の音沙汰もありませんでした。

そんな両親の元で育ったユウダイだから、行く末が案じられる思春期を迎えたんだろうなぁと思っていました。けれど、お母さんのSNS投稿で、実はお母さんはずっとずっと、僕らに感謝し続けてくれていたことがわかりました。

お母さんの投稿は偶然、見つけたのです。ユウダイ夫妻が第1子を授かったとき、ユウダイはSNSに胎児のエコー写真を掲載しました。その投稿にお母さんが「いいね！」を押しているのを見つけました。（あ、お母さんもSNSやってるんだ）とお母さんのSNSを閲覧したら、僕らへの感謝が綴られていたのです。実はこの投稿、こんな一節から始まっていました。

「うつ病の母を持ち、たごっこパークで…」

そうだったんだぁ…と涙腺が緩みました。そう言えば、寺子屋に来たユウダイがこんな話をしてくれたことがありました。

「夕べ遅く、うちのお母がふらふらと家を出ていったから、気になって探しに出たら、海に入りかけてて、慌てて追い付いて引き戻したんだよ」

お母さんの投稿のコメント欄にこんな書き込みをしました。

「おばあちゃんになられること、おめでとうございます。こんな風に感謝を書いてくださったことに感激しています。いい青年に育ちましたね」

このコメントを機に、お母さんは僕らのSNS投稿を度々シェアしてくれるようになりました。「たごっこパーク」の開催告知の投稿に「息子もここで遊び育ちました。おススメですよ」といったコメントも入れてくれました。ユウダイと出会ってから10年の歳月が流れていました。

親を労い、子どもの持ち味を伝える

「不適切な養育だと思っても、まずは親との関係性を築くために、労いを伝えるんです。『お母さんも大変ですよね』って。そして、子どもの持ち味を伝える。たっちゃん・みっきぃさんは遊びの中で子どもたちを見ているから、一人ひとりの持ち味が見えやすいですよね。それを伝え続けるんです」

児童精神科医・田中康雄先生から僕ら夫婦はそんな助言をいただきました。そして、こう付け加えられました。

「そうすると、『二人はそう言ってくれるけど、学校の先生からはこんなことを…』、『家ではまったくこんなで…』という悩みを伝えてくるようになります。そのときは二人の話に耳を傾けてくれますよ」

よく有識者が「親が変われば、子どもが変わる」という主旨のことを言います。そのとおりだろうと思います。けれど、僕らの開く場は、塾や習い事のように必ずしも親が行かせたい場所ではありません。園や学校のように行かせる必要があると思っている場所でもありません。

「親が変わらないと、子どもが変わりませんよ」という助言や指導をして、それを受け止められない親が「あんなところ、二度と行くんじゃない」と子どもに告げたら、子どもとの関係性も終わってしまいます。だから親御さんを労うこと、そして子どもの持ち味を伝えることを心掛けるようにしました。

知っていたんですね

「あの、いつもマサコがお世話になっています」

「おもしろ荘」界隈で大きな祭りが開かれた日、生ビールを片手に若いお母さんが声を掛けてきました。マサコは毎日のように「おもしろ荘」に来ていました。たまにこのお母さんといるところを見かけることもありましたが、ちゃんと言葉を交わしたのはこのときが初めてでした。

「あぁ、マサコちゃんのお母さん。マサコちゃん、いつも明るく元気ですよね」

そう返しました。

「あの、マサコ、迷惑掛けてませんか?」

お母さんの言わんとすることはわかりました。明るく元気は間違いないのですが、一律・一斉・集団を重んじる学校生活の場面では、教員に怒られるような特性だとも思っていたからです。でも、その見立てを伝えることなく返しました。

「そんなことないですよ。マサコちゃんがいると、まぁ〜場は盛り上がるし。年齢関係なくすぐに仲良しになるし。それにね、マサコちゃんだけのときなんかは、いつも『何かお手伝いしようか?』って言ってくれるんですよ」

「ありがとうございます。実はマサコ、発達障碍の診断が付いてるんです」

「はい。出会ったときからそうだろうなって思ってました」

「え!? そうなんですね」

「お家じゃ、元気すぎて大変でしょ(笑)?」

「(笑)そぉなんですよ。全然、言うこと聞いてくれないし」

「言い方のコツがあるんですよ。『マサコ、何やってんの!』とか叱りたくなるでしょ?」

「それ、毎日、言ってます(笑)」

「『お菓子食べてる』とか『マンガ読んでる』とか答えますよね?」

「うち、見たことあるんですか!? まさにそれ」

「食べ散らかしてるお菓子のことを『何やってんの』って言ってるつもりだし、次々と出しっぱなしのマンガ本のことを『何やってんの』って言ってるつもりなのに」

「そうです。そうです」

「やってほしいことを伝えるんです。『お菓子は必ず、ここのテーブルで食べようね』とか『マンガは次のを読むときは、読み終わったやつをここに戻してね』とか。マサコちゃん、きっと、やれますよ。おもしろ荘では、ちゃんとやってくれますから」

「なるほど、やってみます」

「でもね、お母さん。もっと大事なことがあるんです」

「なんですか？」

「お母さんは優しいだけでいてあげてください」

お母さんがポロポロと大粒の涙をこぼしました。言葉をつなぎます。

「怒り役、叱り役は、学校にいくらでもいるでしょ。お母さんがお父さんの役までやらなくていいんですよ。お母さんはお母さんのままで」

マサコから母子家庭であることを聞いていたので、敬愛する児童精神科医・佐々木正美先生からの教えを伝えたのです。こんなやりとりをしてしばらくのち、マサコ母子は引っ越しをし、マサコともお別れになりました。

2年後の祭りで再会をしました。マサコが浴衣を着て、「おもしろ荘」に駆け込んできました。

「たっちゃん、みっきぃ、元気？」

後ろから来たお母さんが生ビールを片手に嬉しそうに近況を話してくれました。

「マサコ今、学級委員をやってるんですよ！」

おもしろ荘を
支えてください
おもしろ荘が
子どもたちの居場所として
ずっと続いていきますように
あなたの募金で
支えてください
大 1000円
UNO

保護者の軌跡

「カツヤっ、何時だと思ってんのっ!」

喪服を着た女性がエラい剣幕で「たごっこパーク」開催中の公園に乗り込んできました。カツヤは法事に行かなければならなかったようです。法事への出発時間まで遊んでいくつもりが、楽しくてつい時間を忘れてしまったのでしょう。

カツヤが「たごっこパーク」に遊びに来るようになって3年。こんな形で知的障碍のあるカツヤのお母さんに初めて会うことになりました。

「あ~、カツヤくんのお母さんですか?」

お母さんは先ほどの剣幕に少しバツが悪そうです。

「そうです…」

続いて何を言われるんだろうという警戒するような表情に見えました。

「カツヤくん、いつも帰りが遅くないですか? 最後、ここにある工具とかバケツとか倉庫に片付けて、最後の最後に焚き火の始末をするんですけどね、カツヤくん、いつも『最後まで手伝うよ』って言ってくれて。僕らも助かるもんだから、ついつい、お願いしちゃって。ごめんなさいね」

お母さんの目から涙がポロポロとこぼれ落ちました。

「そうだったんですね…。カツヤのことでいつも学校に呼び出されていて。お友だちを叩いたとか、先生に手を出したとか。ここでもみなさんにどれだけ迷惑を掛けているんだろうと思うと、ご挨拶に伺わなきゃ伺わなきゃと思いながら、足が向かなくて…」

「迷惑なんて。お手伝いはよくしてくれるし、何より、小さい子どもたちの遊び相手をするのが抜群で。とっても助かっています」

泣き顔から笑い顔になったお母さん。

「そう、カツヤは昔っから、小さい子の扱いがうまいんですよ。これからもよろしくお願いします」

これを機にお母さんは、「たごっこパーク」や「おもしろ荘」に度々、顔を出してくれるようになりました。

「はいこれ、お母さんが持ってきなだって」

ときには、カツヤがお母さんから託されたトイレットペーパーや食器洗剤などを持ってきてくれるようになりました。

子どもたちとの出会いを通して、「不適切な養育」とレッテルを貼られるかも知れない親にも出会ってきました。でも、それぞれの親に、そこに至る30年前後の長い歳月があるのだということがちょっぴり想像できるようになってきました。

虐待がもたらすもの

福井大学子どものこころの発達研究センター・友田明美先生が「子ども虐待がもたらす〝傷〟について『げ・ん・き162号』（エイデル研究所、2017年）でお話されていました。

虐待の内容によって、脳に様々な影響が出るとのことです。身体的虐待を受けると感情や思考をコントロールする部分、意思決定・共感などに関わる部分などが減少するとありました。また、心理的虐待を受けるとコミュニケーションに重要な役割を果たす部分が増加し、雑木林のような状態になると例えられていました。結果として、人の話を聞き取ったり、会話したりするときに余計な負荷がかかるのだそうです。

僕らの活動は、子どもたちに自由な外遊びの環境を提供したり、放課後の子どもたちや福祉的就労後の若者たちに居場所を提供したりすることが中心です。その中で虐待を受けてきた子どもたちにも出会います。

不適切な養育家庭に暮らしていたユウナは、同居していた母親からの虐待が酷くなり、大学への通学が困難になりました。寝食を共にしながら、通学を支えることにしました。

関わりの難しさ

初対面の大人が総じて純朴な印象を抱く子でしたが、何人もの異性と刹那的な性的関係を持ち続けていました。ユウナは、僕らが支援を依頼した篤志団体からの奨学金や僕らの活動に共感する人たちの様々な生活支援により、大学に通い続けられました。ユウナには、そのことに感謝をして、今は何をなすべきで、何は自制しなければいけないかを何度も伝えました。

それでも、僕ら夫婦が揃ってインフルエンザで寝込むと、たがが外れました。同じく寝食を共にし始めていたマイから「口止めされたんですが…」と、真夜中にそっと出会い系サイトで知り合った異性の元へ出掛けていたユウナの行動を知らされ、力が抜けました。

自制の利かない衝動的な行動。「人間関係」という目に見えないものに喜びを感じる力が弱い。即物的なかりそめの「愛」に身を委ねる。友田先生のお話に重なります。

虐待により脳が傷つくことは当時も知っていましたが、それでも自分たちの関わりも原因だろうと自責の念にかられました。「親身な関わり」なんて、独りよがりだったのかと無力感も覚えました。

子ども・若者と関わる市民活動者としては失格ですが、怒りの感情も湧きました。虐待をしてしまう親の心情をふと思ったりもしました。まだ関係性を紡ぐ道はあるのか。夫婦でどれだけ話しても結論が出ないまま、妻がユウナを枕元に呼びました。

届かない言葉

ここ数日の行動は、生活を応援してくれる人たちがどれだけ残念に思うか。片棒を担がされたマイがどれほど傷ついたか。何よりユウナがユウナのお母さんと同じ道を歩み始めていることが心配である。高熱と痛みに耐えながらの妻の語りは、渾身の説法のような迫力でした。ユウナもポロポロと大粒の涙をこぼしました。心に響いたんだなぁと思いました。

ダメでした。2カ月後、被災地支援活動に出掛けました。同行予定だったユウナは、直前になって、図書館で試験勉強をしたいと残りました。それを伝えてきたときの雰囲気に胸騒ぎを覚えました。不安は的中。支援活動から帰ると、自制できなかったことを知りました。冷蔵庫の中が出発前と変わっていなかったので聞いてみました。

「冷蔵庫の中も、食品棚も何も減ってないけど、食事はどうしてたの？」

「あ…。えっと、東京に出かけていました」

「そっか…」

咎めることはしませんでした。

自分たちの関わりの拙さを棚に上げて、虐待により傷ついた脳だけに原因を求めてはいけないのですが、友田先生が「被虐待児が心に負った傷は容易には癒されず、人生のあらゆる時期に影響を及ぼす」と話されていることをしみじみ感じます。

社会人になり、ひとり暮らしをするユウナとは、奨学金の保証人という立場で細々とつながっていました。その立場が終わると関係性は終わりました。友田先生は傷ついた脳も回復するとおっしゃっています。いつか良き出会いに恵まれ、孤立することなく、自分が育った家庭とは違う温かな家庭を築くことを遠くから願い続けたいと思います。

第4章
二人三脚での歩み

あなたがそこにただいるだけで

あいだみつをさんの書に『ただいるだけで』という作品があります。

あなたがそこに　ただいるだけで　その場の空気が　あかるくなる
あなたがそこに　ただいるだけで　みんなのこころが　やすらぐ
そんなあなたに　わたしもなりたい

2004年にNPO法人ゆめ・まち・ねっとを立ち上げて以来、ずっと、妻と二人三脚で活動を続けてきました。「冒険遊び場たごっこパーク」や「子どものたまり場おもしろ荘」に足繁く来ている子ども・若者にとっては、「たっちゃん・みっきぃ」がそこにいることが当たり前の光景になっています。たまに僕が会議などで不在だと、あとで妻が「ホノカとエリが『あれ、今日、たっちゃんは?』って言ってたよ」と報告してくれます。

先日は家族の事情で妻が2週間ほど不在でした。放課後の「おもしろ荘」の時間、僕の近くでは小学6年生の男の子たちが電子ゲームをしていました。その奥では低学年の子どもたちがカードゲームをしていました。初めは楽しげでしたが次第に不穏な空気に。「今のなしだろっ！」「ズルすんなよっ！」「は⁉　意味わかんねぇし」。このところのよくある光景でした。すると、電子ゲームに夢中かと思っていたユウスケがゲームを中断して、僕に言いました。

「なんかさぁ、みっきぃがいなくなってから、なんていうの、荒れるっていうかさぁ、平和じゃなくなったよね」

隣のショウイチも呼応します。

「うんうん、たしかに。みっきぃ、いつ帰ってくんの？」

ユウスケの指摘は僕も感じていました。あいだみつをさんの書が浮かびます。

　あなたがそこに　ただいるだけで　その場の空気が　あかるくなる
　あなたがそこに　ただいるだけで　みんなのこころが　やすらぐ

この17年間、「みっきぃ」の存在というのは、まさにこの書のとおりでした。そして僕はいつも、書の最後の一文

　そんなあなたに　わたしもなりたい

これを目指しながらも、なかなかその領域に達せず、妻の隣で模倣し試行錯誤して

きた17年間だったように思います。

数年間、インターンシップ的な関わりをしてくれた若者が「こういう子どもたちって、普通は募集しないと来ないよね」と笑いながら言ったことがあります。「こういう子ども」というのは、知的な未発達があったり、発達特性の凸凹が大きかったり、不登校だったり、非行傾向があったり、不適切な養育家庭に暮らしていたり、外国につながっていたり、生活困窮のひとり親家庭に暮らしていたりということです。僕らに出会う前、社会的養育を必要とする子どもたちの支援に携わっていた若者は、言葉を続けます。

「こういう子どもたちは、放課後デイサービスとか障碍児支援しますって言っているところに障碍のある子が来たり、フリースクールみたいに不登校の子どもたちを受け入れますって言っているところに学校に行ってない子が来たり、外国籍の子の学習支援をしますって言っているところに対象の子が来たりするでしょ。でも、『たごっこ』も『おもしろ荘』もそういう看板を掲げてないし、募集もしてないのに、そういう子がこれでもかってぐらい来ることが最初は本当に新鮮だったよ（笑）」

「支援」を掲げているわけではいないし、子どもたちが飛びつきそうなイベントやプログラムを企画しているわけでもない。にもかかわらず、生きづらさを抱えた子どもたちを惹きつけるのはまさに「空気感」なんだろうと思います。その空気を作っているのが「みっきぃ」なのです。その場の空気があかるくなる、そして、みんなのこころがやすらぐ。生きづらさを抱えた子どもたちがそこに「居場所」を見出すのでしょう。

想いの原点

2004年6月、僕は16年余り勤めた静岡県庁に辞表を出しました。この年度で辞めようと決めていたわけではありません。ただ一方で、定年まで勤務せず、途中で辞めるという選択肢は入庁のときから持っていました。公務員としてやりたいことをやりながら、行政の仕組みがわかったら、政治家になろうと思っていたからです。その原点は中学生のときにあります。

人気テレビドラマ「3年B組金八先生」が始まった翌年（1975年）、僕は中学3年生になりました。僕のクラスには校則違反学生服「長ラン・ボンタン」を着込んだ級友が数人いました。僕も違反の「中ラン・ツータックズボン」を着用していました。そんなクラスの担任であった恩師は「リアル金八先生」のような半沢先生（仮名）でした。成人式で再会した先生に、当時の疑問を聞きました。

「なんでうちの組って不良生徒（笑）が多かったの？」

「達也は（長ラン・ボンタンの）YとかS、Tと仲良かっただろ？」

「ウマが合ったからね」

彼らは卒業後も警察沙汰を繰り返していました。一方、僕は成人式のときには国立大学で政治学を専攻していました。

「みんなかわいかったよな（笑）。でも、他の先生たちは校則どおりの制服を着ない生徒は学校に入れないようにしようと言ってた」

「知ってる。オレ、生活委員長だったし（笑）」

「ひとり、違反を許すと、不良生徒がどんどん増えるって」

『金八先生』でも腐ったみかんがひとつあると周りのみかんも腐るって話、あったね」

「そんなのただの排除だろ。排除された生徒は、他の中学の不良生徒とけんかしたり、つるんだりするだけで、罰なんか何の教育効果もない」

「で、自分のクラスで受け入れたんだ!?」

「そう。全員、うちのクラスで面倒見るよって。生徒に会わないと、教育なんかできないからな」

多様な生徒がいて、それを受け止める寛容な大人がいて、何とも楽しかった中学生活。どんな子ども・若者も排除しない居場所づくりの原風景になっています。

反面教師の存在

一方で、反面教師の存在も今の活動に連なっています。中学3年生のとき、野球部だった僕が放課後のグランドに向かうと、教室で特別授業をする山川先生（仮名）と数人の生徒がいました。生徒たちは学年トップクラスの成績。その光景を見た瞬間、頭に血が上り、金属刃の付いた野球スパイクで教室に上がり込みました。「なんだ渡部！」と咎める先生を「山川ぁ、カッコつけてんじゃねぇぞ」と啖呵を切って、蹴飛ばしました。取っ組み合いになりましたが、ほどなくして先生たちが駆け付け、引き離されました。不良生徒と親しかった僕は、放課後の優等生向け特別授業が許せなかったのです。進学校合格講座をして、ちやほやされて喜んでる暇があるなら、高校進学が厳しい生徒への補習をしてやれよと思ったのです。

体育の田中先生（仮名）も気に入りませんでした（笑）。授業中の服装規定が細かくありました。冬でも体操着の下に下着を着用することは禁止。不良生徒や僕が守らずに出席しようとすると、体育館から出ていけと言われました。一律・一斉・集団が美しいと思っているような先生の体育は、軍隊の訓練という感じでした。これ幸いと授業をボイコットしました。保健の授業も田中先生が担当でしたが、グランドでサッカーをして遊んでいました。実に愉快でした。

そんな反面教師たちがいる中、勉学に励めたのは「リアル金八先生」がいたからでした。社会科担当の半沢先生は、歴史を学ぶ意味をこう説きました。

「鳴くよ（794年）ウグイス平安京とか、いい国（1192年）つくろう鎌倉幕府とか、入試頻出問題の暗記は意味がない。それより、なぜ都を奈良から京都に移したのかとか、なぜ朝廷・貴族の時代から武士の時代に変わったのか、それによって政治はどう変わったのか、人々の暮らしはどう変わったのかを学ぶのが歴史。そういう視点で歴史を学ぶと今の社会をどうすれば変えられるかがわかってくるんです」

この学びが大学で政治学を専攻する原点となりました。思春期のころは、ドキュメンタリー番組を見るのが好きでした。国内にも途上国にもこんな問題があるんだなぁと知ることができ、その解決に向けて奮闘する人の姿にいつも感銘を受けていました。自分も大人になったら、困っている人たちの力になりたい、課題を解決するための仕組みを作りたい、そう思ったときに、実現のための手段として見定めたのが政治家でした。より多くの人が幸せになれる社会を作りたい。そのために政治家になろうと思ったのです。

より良い社会を築くために

でも、大学を卒業すると、政治家は目指さず、静岡県庁に就職しました。政治学の恩師に「社会的な課題を見つけ出すのも、その解決のための施策を作るのも、政治家ではなく、公務員である」と学んだからです。政治家になるのが夢ではなく、より良い社会を築くことが夢でしたから、それを実現する手段として公務員を選択しました。

静岡県庁では児童相談所のケースワーカーや「富士山こどもの国」という大規模都市公園の立ち上げ、国体・全国障害者スポーツ大会の広報などを経験しました。どれもやりがいの感じられる仕事でした。「こどもの国」に携わったのは、20年以上も前のことですが、当時、小学生だった子は、今は障碍のある人を雇用する工房の運営に携わっていて、その傍ら、「ゆめ・まち・ねっと」設立からずっと賛助会員として僕らの活動も支えてくれています。当時、不登校だった中学生の子は、親御さんに頼まれて、子どもボランティアとして受け入れをしていました。今は家庭を持ち、親子で「たごっこパーク」に遊びに来つつ、いつも活動支援物資を提供してくれています。「こどもの国」にユニバーサルデザインを取り入れるためにアドバイザーになっていただいた視覚障碍のある女性は、今も折に触れて電話をくれます。要介護となったお母さんについての相談のときもあれば、大好きな演歌歌手のコンサートに行った自慢話のときもあります。

それぞれの業務で良き先輩との出会いもありました。業務を通じて生まれたご縁もたくさんありました。それでも、行政という組織の限界や弊害が見えてきました。それを乗り越えるための手段として、いよいよ政治家にとならなかったのは、ＮＰ

Oという新たな選択肢があったからです。大学を卒業するときには、職業選択の中に市民活動なんていうものはまったくありませんでした。しかし、県庁に入って7年目に阪神淡路大震災がありました。この震災でボランティア活動、市民活動が注目されるようになりました。そして震災から3年後に特定非営利活動促進法ができ、法人格を持った団体が市民活動に取り組むようになりました。

静岡県はとくにNPO法人を増やすことに力を入れていました。ですから、社会的な課題に向き合うNPOの活躍を見聞する機会が多くなりました。従来の「職業＋無償ボランティア」ではなく、市民活動を専業でやる人たちが出てきました。その活躍ぶりに、自分がやりたいことの実現には、NPOという手段が相応しいのではないかという思いが強くなっていきました。

手段を変えるだけ

行政は基本的に住民からの要望が多いものを施策化していきます。ときには要望の多さよりも要望の大きさに動かされることもあります。利権団体の要望やそれを受けての与党政治家の要望などです。一方で地域の中には、少ない要望、小さな要望、だけど、誰かが手を差し伸べる必要のある大切な要望があります。そんな要望に応えられるのは、お役所のような組織ではなく、市民活動組織であるということが明確に見えてきました。

行政の性質上の限界もあります。どうしても、法律、条令、制度等で、どこからどこまでが支援の対象という境目を作らざるを得ません。例えば、重度の障碍がある子は特別支援学校で支援をしますとか、不登校になったら適応指導教室で支援をしますとか、非行を重ねたら児童相談所で支援をしますといった感じです。こうした支援では、多様な子どもたちが交じり合うことがありません。組んずほぐれつしながら、互いに育ち合うという機会が生まれないのです。また、重度と言うほどの障碍ではないとか、不登校と言うほど欠席日数が重なっているわけではないといった、公的制度に明確に該当するほどではない事例がこぼれ落ちることもよく指摘されています。

あるいは、年齢的には18歳未満なので児童福祉法の対象ではあるけれど、中学はすでに卒業しており、公的な支援や指導に結び付きにくいという事例もよくあります。逆に、まだ高校生ではあるけれど、すでに18歳の誕生日を迎えているので、法を適用できないという事例も生じます。行政の限界や弊害を超えて、大切な要望に手を差し伸べたり、こぼれ落ちないように寄り添ったりしたいと考えたとき、その手段を行政からＮＰＯに変えるということは必然の成り行きでした。講演会などで「思い切った決断をされましたね」とか「勇気のいる転身だったのでは？」と言われることがあります。そんな問いに、「僕にとっては、フォークではお蕎麦を食べにくいから、お箸に替えたぐらいの感じなんです」とお答えしています。

父の生きざま

この転身には父の生きざまも大いに影響していると思います。僕が県庁を辞めたのは38歳のときでしたが、父も43歳のときに日本を代表する大企業から脱サラしました。当時、中学生だった僕は、父が働く会社が大企業だということがわかっていましたので、脱サラの理由を問いました。大企業で順調に出世していた父は、組織改革、今で言うリストラを断行する任務を担っていたそうです。ここの部署はこんな業務改善を図れば、人員を減らせるという設計をします。それに基づいて、勤続何十年の先輩社員に下請け会社への出向や早期退職を勧告する。「お父さん、それが辛くてなぁ」と父はこぼしました。

僕が寝るときにはまだ帰宅していなくて、目が覚めるともう出社しているという「モーレツ社員」だった父は、大企業を退職し、母と二人で小さなスポーツ用品店を自宅近くに開きました。地域の父親ソフトボール大会でいつもホームランをかっとばしていた父とママさんバレーボールのエースとして活躍していた母には、うってつけの商売だったのでしょう。同時に父は、「モーレツ社員」から「地域の人」となりました。僕の中学校のＰＴＡ会長を担ったり、弟が所属していたサッカークラブの保護者会長を引き受けたり、商工会議所の責任ある役職に就いたりするようになったのです。

今で言うNPO活動のようなことにも取り組んでいました。町内対抗の父親ソフトボール大会は、地域の希薄化が徐々に進み、1チーム九人というメンバーを集められないので不参加という町内が出始めていました。そこで父は愛好者によるリーグを新たに作りました。過半数の五人のメンバーがいれば、あとは試合のないチームからメンバーを借りて、試合に参加できるというルールにしました。

地域には小さな商店が点在していましたが、郊外に大型店ができるようになると、客足が遠のく店も出てきました。父はそれらの店に呼びかけて「商店街」を名乗り、夏祭りを企画しました。それぞれの商店が屋台を出し、盆踊りや抽選会が行われました。父が呼び込んだ若者音楽バンドやバナナの叩き売り露天商などが賑わいを創り出してもいました。

僕が県庁に就職をし、児童相談所のケースワーカーとして児童養護施設を訪問したときのことです。理事長さんから「わたなべさんは『渡部』って書くけど、もしかして、昭三さんの息子さん?」と聞かれました。当地では、渡辺(渡邉、渡邊)と書くわたなべさんしかいないので、僕の名刺を見た理事長さんがピンときたのでしょう。「そうです。ご存じなんですか?」と尋ねると、理事長さんは息子は知らないんだという感じで、こんなお話をしてくださいました。

「渡部さんのお父さんはね、毎年毎年、クリスマス慰問に来てくれているんですよ。お仲間を連れて、サンタクロースの格好をして、ここの子どもたちにクリスマスプレゼントを渡してくれて。そのあと、餅つき大会もやってね。とくにお父さんは子どもたちに人気で、子どもたちが次々と肩車してもらって、大喜びでね」

息子である僕にも「お父さんは、こんな慈善活動をしているんだよ」と語ることなく毎年、児童養護施設を慰問していたことを偶然、僕もその施設に訪問する機会が生まれたことで知りました。そんな父から僕は、進学高校に受かると、国立大学に合格すると、県庁職員試験に通ると、いつも聞かされていた言葉があります。

実るほど　頭を垂れる　稲穂かな

誕生日プレゼント

そんな父の生きざまの影響もあったので、県庁を辞め、ＮＰＯ法人を立ち上げるという決断は、僕の中ではそんなに思い切った決断ではなかったのです。いよいよ辞表を出そうと決めたのは、新しい部署に異動して、２カ月ほど経ったときでした。大規模イベントを担う華やかな業務で、やりがいを感じての異動でしたが、行政の限界や弊害を感じる出来事が重なったのです。決意を固めたころ、妻の誕生日が近かったので、それなら、妻へのちょっとした誕生日プレゼントにしようと誕生日である6月17日に辞表を出しました。

プレゼントという意味は、これからは毎日24時間、一緒に過ごすことにしたよということです。どの部署でも月の残業時間が100時間を超えることがよくありました。やりがいのある仕事ではあったので、過労死ライン超えでしんどいなという思いはありませんでした。けれど、始発で出かけて、終電で帰る、ときには終電にも間に合わず、タクシーで帰るということもよくありました。「モーレツ社員」時代の父と同じような生活です。妻と過ごす時間は僅かでした。大企業を辞め、母といつも一緒にスポーツ用品店を切り盛りするようになった父のように、一日中、妻と過ごす時間を作る。それが誕生日プレゼントでした。

活動の相棒

県庁を辞めて、NPO法人を立ち上げ、市民の立場で地域づくりに取り組む。この決断を迷うことなくできた最大の要因は、活動の相棒が妻になるということでした。県庁職員時代、良き上司・先輩にかわいがられることもありましたし、頼りになる同僚・部下に恵まれることもありました。でも、大きな組織ですから、そうとは言えない職員と仕事をしなければならないこともありました。公務員には異動が付き物ですから、年度によって波があります。それがこれからはずっと、妻が変わることなく「同僚」になるわけですから、これほど心強いことはありません。

そんな妻とのここまでの17年間は、まさに二人三脚でした。市民活動とはいえ、公的制度の枠組みの中で活動しているNPO法人も少なくありません。行政と協働することで安定的な運営を維持しているNPO法人もあります。僕らは公的制度ではできないことをやろうとしてきました。何をやるかは出会った子どもたちの要望に応じて決めてきました。生きづらさを抱えた子ども・若者に寄り添うことは、その生きづらさを生み出している学校や学校的価値観を良しとしている地域と対峙することでもありました。

だからまさに運動会種目の二人三脚。先を急いで転ぶこともあれば、気持ちが焦ってつまずくこともあれば、呼吸を合わせるために立ち止まることもある。そんなことの連続でした。そのたびに、互いの脚を結んでいる紐を結び直してくれたのが妻でした。そして再び歩き出し、調子を取り戻して走り出す。その推進力となったのが妻でした。

高校卒業後、イギリスに留学した妻は、マザー・テレサという存在に出会ったことで、看護師を目指すことになったと言います。そのマザー・テレサの言葉を妻は大事にしています。

It is not how much we do, but how much love we put in the doing.
It is not how much we give, but how much love we put in the giving.

大切なのは、どれだけ多くをほどこしたかではなく、
それをするのに、どれだけ多くの愛を込めたかです。
大切なのは、どれだけ多くを与えたかではなく、
それを与えることに、どれだけ多くの愛を込めたかです。

生きづらさを抱えた子どもに、若者に、保護者にいつもそんな寄り添いをする妻。そんな妻と肩を組み、転んだり、つまずいたり、立ち止まったりしながらも、二人三脚を続けていきたいと思います。

第5章

子どもたちと関わるあなたへそして僕へ

子ども・若者へのメッセージ

「成功者」のメッセージ

「自分が熱中できるもの、夢中になれるものを見つけられれば、それに向かってエネルギーを注げるので、そういうものを早く見つけてほしいなと思います。それが見つかれば、自分の前に立ちはだかる壁に向かうことができると思うんですね。それが見つけられないと、壁が出てくると諦めてしまうということがあると思うので、いろんなことにトライして、自分に向くか向かないかというよりも、自分が好きなものを見つけてほしいなと思います」

イチロー選手が引退しました。記者会見で「子どもたちにメッセージを」と記者に要望され、こう答えました。残念なメッセージだなと思いました。

もちろん、イチロー選手は野球選手であり、子どもの保育や教育を生業としているわけではありません。ですから、イチロー選手に対し、子どもにもっとこんなメッセージを送ってほしかったと望むものではないと思います。けれど、自身の発信力の大きさを考えたとき、発言が子どもたちにどう伝わり、親や保育士、教員、その他子どもに関わる大人にどう伝わるのか、もう少し思慮深い発言をしてほしかったなど、残念に思うのです。

結果を出すことが成功とみなされるスポーツや芸術や勝負事の「成功者」はよく、イチロー選手のようなメッセージを発します。東京オリンピックの影響もあり、メダリストの講演会が盛んです。演題は「夢を諦めなければ必ず叶う」「壁を乗り越えるメンタル」「忍耐は苦しいけれども…」といったものばかりです。

「勝者」という名の「成功者」が発するそうしたメッセージの流布は、子どもたちに「もっと頑張れ、もっと頑張れ、諦めるな、もっと頑張れ」と言い続けているようです。それは「頑張れない君は、諦める君は、ダメな子どもだ」というメッセージとして伝わる危険性と隣り合わせのように感じます。

熱中できるものが見つかれば、エネルギーを注げる。立ちはだかる壁に立ち向かっていける。その通りかもしれません。けれど、抱えている生きづらさが重すぎて、壁の前で途方に暮れている子どもがたくさんいます。そんな現実に思いを馳せてほしいのです。

子ども・若者の生きづらさ

２０１９年３月22日付東京新聞によると「厚生労働省がまとめた２０１７年の人口動態統計で、戦後初めて日本人の10～14歳の死因として自殺が１位になっていたことが分かった」とあります。

子どもだけではありません。厚生労働省の「平成30年版自殺対策白書」にはこう書かれています。「我が国における若い世代の自殺は深刻な状況にある。年代別の死因順位をみると、15～39歳の各年代の死因の第1位は自殺となっており、男女別にみると、男性では15～44歳という、学生や社会人として社会をけん引する世代において死因順位の第1位が自殺となっており、女性でも15～29歳の若い世代で死因の第1位が自殺となっている」

「学生や社会人として社会をけん引する世代」とあります。本来ならば、遊びや趣味、勉強や仕事、家族との団欒や仲間との交友などを充実させることができる世代。イチロー選手の言葉によれば、「熱中できるもの、夢中になれるもの」が一番ある世代です。だけど、それが見つからない、エネルギーを注げない子ども・若者が少なくないのです。

「自殺対策白書」には、子ども・若者の自殺に関し、こんな注目のデータも掲載されていました。日本とともに「G7」を構成する先進国（フランス、ドイツ、カナダ、アメリカ、イギリス、イタリア）と子ども・若者の死因について比較したものです。「熱中できるもの、夢中になれるもの」が一番ある世代が亡くなる要因の第1位は、日本以外の先進国では事故死になっています。推測ですが、「熱中できるもの」にエネルギーを注いでいたけれど、不慮の事故により、道半ばで亡くなった子ども・若者が多いのでしょう。

しかし、日本だけは死因の第1位が自殺となっています。しかも、驚くことに、他の6カ国とは大きく違い、日本は自殺が事故死の2・5倍も多いのです。日本の子ども・若者が他の先進国に比べて、いかに生きづらさを抱えているかを端的に表しています。

「熱中できるもの、夢中になれるもの」なんて何ひとつなく、明日も前向きに生きていこうなんてエネルギーが枯渇している。立ちはだかる壁はどこまでも厚く高く続いているようで、壁の前でただうずくまるのみ。

そんな子ども・若者に「熱中できるものを見つけられれば、エネルギーを注げる。立ちはだかる壁に立ち向かっていける」と伝えて頑張らせても、ますます苦しくなるだけでしょう。孤立無援な思いが募るばかりでしょう。

「自殺対策白書」などによると、子どもの自殺では、他の世代に比べて、未遂歴のない自殺者も多く、周囲が予兆に気づかないうちに突発的に命を絶つケースが目立っているそうです。(図参照)

どうしたらよいのでしょう。僕らはいつも、敬愛する児童精神科医・佐々木正美先生に教えられた言葉を指針にしています。


「頑張らせるのではなく、頑張れる環境を」

先進7カ国の15〜34歳の死亡率

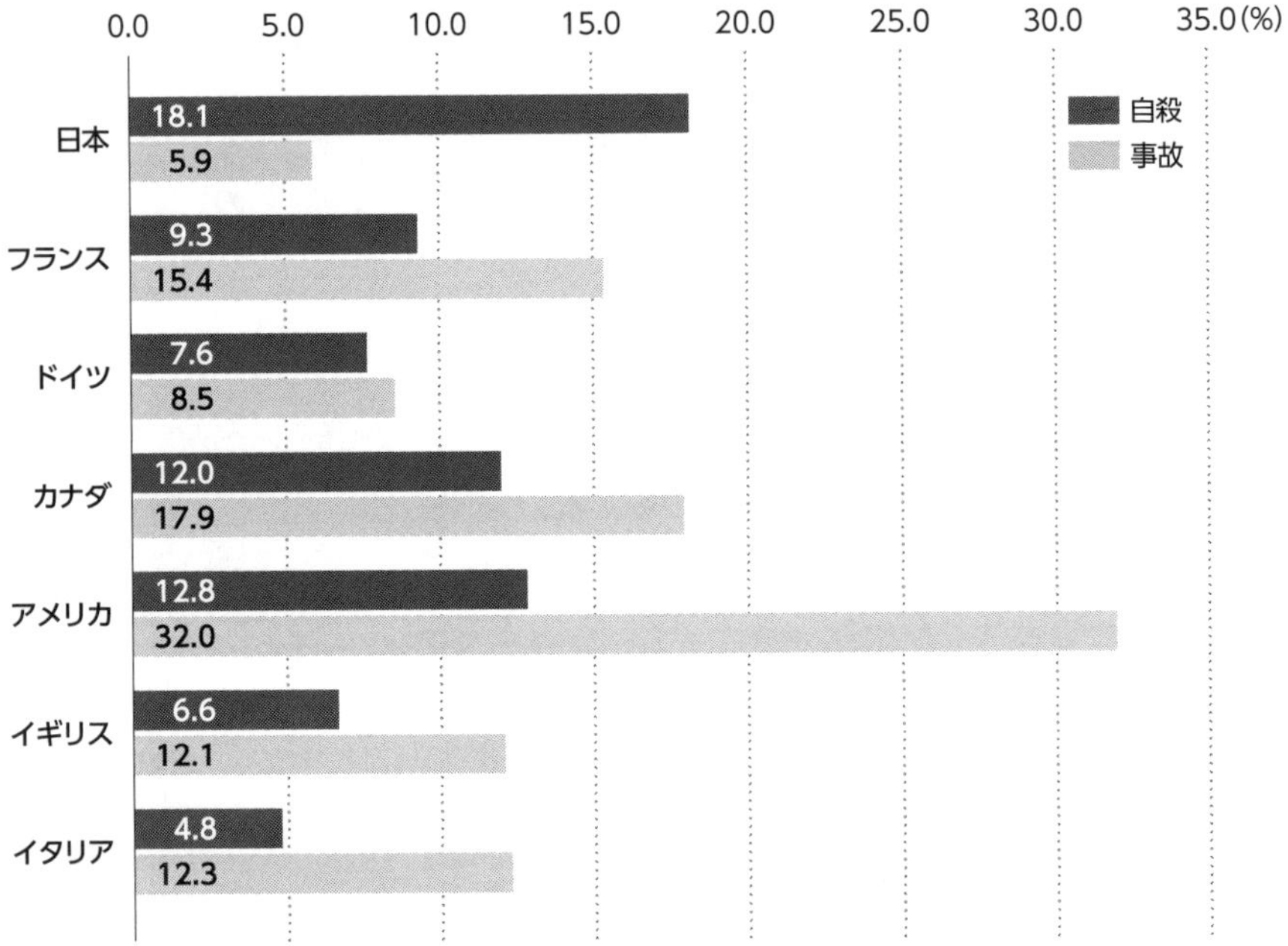

注意：「死亡率」とは、人口10万人当たりの死亡者をいう。

資料：世界保健機関資料、総務省統計局「世界の統計2015」、
カナダ統計局「2011 Census of Canada」より厚生労働省自殺対策推進室作成

安らぎやくつろぎを感じられる場

平日の放課後、空き店舗を改装して開いている「子どものたまり場おもしろ荘」、週末に公園と川を会場に開く「冒険遊び場たごっこパーク」。どちらも、子ども・若者が安らぎやくつろぎを感じられる場づくりを心掛けています。そんな場所で、子ども・若者たちは、他者より抜きん出た結果を出すために頑張るのではなく、他者のために頑張る姿を見せてくれます。他者の喜びを自分の喜びにしているのです。

「タイヤブランコさぁ、僕が作り変えようか?」

「たごっこパーク」で、特別支援学校高等部に通うリュウジが木によじ登っていきました。タイヤブランコは子どもに人気の手づくり遊具でした。廃タイヤを高い枝からロープで吊るしたものです。そのロープが劣化して、遊べなくなっていたのです。

タイヤブランコは、5年前、地元の若い消防士さんが設置してくれました。そのとき、良き助手となったのが、木登りが得意なリュウジでした。消防士さんに教わったロープワークを覚えていたようです。新しいロープをタイヤに縛り付け、木の高いところに登り、太い枝にそれを括りつけ、見事にブランコを作り変えてくれたのです。

リュウジはそのあと、妻と焚き火を囲みながら、こんな話をしたそうです。

「学校で先生に叱られて、納得いかないことがあって、頭に来たから、近くにあったガラス瓶を蹴ったら割れちゃって、今度は校長室に呼ばれて、もっと怒られちゃったんだ」

8年間、リュウジからは、同じような話を何度も何度も聞いてきました。「おもしろ荘」や「たごっこパーク」の盛り上がりに欠かせない存在のリュウジがどういう環境に置かれたらそんな行動に走るのか不思議でなりません。

リュウジが作り変えてくれたタイヤブランコで真っ先に遊んだのは、小学校低学年の女の子エナでした。エナはリュウジがタイヤブランコを作り変えている間、駄菓子屋さんの店番をしてくれました。「たごっこパーク」開催時、いつも公園の片隅に駄菓子屋さんコーナーを設けているのです。

「エナねぇ、ここの女将さん、やるよ」

「女将さん」の響きがなんとも微笑ましく、お願いしました。「このお菓子、もっと安くしたら売れるんじゃない」「これは、買ってくれた人とジャンケンで、勝ったらおまけが付くよってすれば、買うんじゃない」。エナは、笑顔いっぱいの「女将さん」として切り盛りしてくれました。そんなエナの目が急にキリッと吊り上がり、こんなことをつぶやきました。

「エナね、もう、学校、や(嫌)なんだよ。学校なんてなくなっちゃえばいいのに。火、点けて燃やしてやろうかと思うよ、ほんとに」

「たごっこパーク」で幼児を見ていると、イチロー選手が願う子ども像そのものだ

冒険遊び場
たごっこパーク

と思います。「夢中になれるもの」を見つける天才で、「いろんなことにトライ」します。服が濡れるのをものともせず、夢中で水遊びをします。どれだけ服が汚れても泥遊びに熱中します。落ち葉や枯れ枝を拾っては投げ、拾っては投げ、時々、口に入れてみたりもします。

なぜ、そんな幼児たちが園や学校へ行き出すと、「熱中できるもの、夢中になれるもの」を見失い、エネルギーを失くし、壁の前で立ちすくみ、うずくまり、ときとして自ら命を絶つという選択をするのでしょう。

『げ・ん・き172号』（エイデル研究所、2019年）で野藤弘幸先生が「保育者がしてはならないことは、こどもに能力を与えようとすることです。すべきこと、それは、こどもがもって生まれてきた能力を引き出すことです」と書かれています。

なぜ、リュウジが本来「特別支援」をしてくれる学校で「不適応」を起こすのか。なぜ、そんなリュウジが子どもたちのためにタイヤブランコを作り直してくれるのか。なぜ、エナが僅か数年しか通っていない学校を燃やしたいと言うのか。なぜ、そんなエナが駄菓子屋の女将さんをやってくれるのか。

その答えがイチロー選手のメッセージと野藤先生のメッセージの違いの中にある気がします。

仲間と遊ぶ

「たごっこパーク」で、子どもたちは公園沿いを流れる川でも遊びます。子どもたちに大人気なのが、高さ4メートルの土手からの飛び込み。僕も子どものころ、この遊びは大好きでした。

「でも渡部さん、おそらく、こうした遊びをひとりでやっている子はいないでしょ?」

ハッとするような問い掛けをされたのも佐々木正美先生でした。講演会にお招きした際、講演に先立ち、活動紹介として飛び込みの写真を大画面で聴講者にお見せしました。見終わった先生がこの核心的な質問をされたのです。なるほど、確かにそうなのです。これまで10数年、開催日ではない日にひとり黙々と川に飛び込んでいる子どもは見たことがありません。佐々木先生のお見込みのとおりです。自分の子ども時代をふりかえっても、ひとりで川へ出掛けて飛び込んだ経験はありません。

「子どもたちはね、仲間と遊ぶから楽しいんですよね」

先生が少年のような笑顔で話されます。子どもたちは単純な意味で川への飛び込みが好きなわけではなかったのです。もし、飛び込みそのものが好きなだけだったら、誰もいない日にひとりで飛び込んでいる子がいてもおかしくありません。けれど、そんな光景には出くわしたことがありません。「たごっこパーク」の開催日に仲間たちが集まったところで、川遊びが始まるのです。

「川行こっ、川」と仲間を誘い、公園から川へと向かう子どもたち。

女の子たちが飛び方を相談しています。

「上から飛ぶ?」

「いいよ」

「じゃあ、いっせーのーで、でね」

「うん」

「いっせーのーでっ!」

一斉に飛び込む女の子たち。

男の子たちはこんなやりとりをしています。

「今度は連続で飛ぼうぜ」

「いいねぇ」

「オレ、1番に行くから、お前、2番な」

「じゃあ、オレ、3番ね」

次々と飛び込む男の子たち。

その真剣さが見ていて微笑ましくなります。

「子どもたちはね、喜びを分かち合いながら遊ぶでしょ。だから、遊びには大きな価値があるんです。相手を思いやる感情は、他者と喜びを分かち合うことから育まれるんです」

佐々木先生の言葉に、なるほどなぁと深くうなずきました。

ときに不幸にして自ら命を絶つことでしか、苦痛から逃れる手段がなくなるいじめ。小中学校でのいじめ認知件数は、文部科学省の統計によると過去最多を更新しています。あるいは複数の少年たちがひとりの少年を死に至らしめる殺人事件。神奈川で、愛知で、埼玉で、「またか」と漏らしてしまうほどに起きています。

相手を死に追い込むほどのいじめをなぜ、毎日、毎日、繰り返せるのだろうか。そして、なぜ、多くの同級生がそれを傍観し続けられるのだろうか。なぜ、些細な理由で死に至るまで暴行を加え続けられるのだろうか。相手を思いやる感情など微塵もないのでしょうか。佐々木先生の教えが頭に浮かびます。

「相手を思いやる感情は、他者と喜びを分かち合うことから育まれるんです」

子ども同士の自由な遊び

いじめが問題化すると教育委員会や学校は、道徳の時間を増やし、人権に関する特別講座を開きます。そこで子どもたちは、「他人の痛みがわかる生徒になりましょう」と教えられます。こうした取り組みは、残念ながらさしたる成果を上げないでしょう。理由は明快です。家族や仲間と喜びを分かち合う体験の乏しい子どもたちが、誰かの痛みや苦しみ、悲しみに思いを寄せることは困難だからです。

子どもたち同士の自由な遊びを園の早期教育や学校教育、塾、習い事、スポーツクラブなどと比べたとき、大きな違いは仲間と喜びを分かち合う場面の有無にあります。「たごっこパーク」のような自由な遊び場では、子どもたちが常に仲間と喜びや楽しみを分かち合う遊びをしています。園や学校、習い事、スポーツクラブでは、本当の意味で仲間と喜びを分かち合う場面が乏しいのです。なぜなら、保育士、教員、指導者、監督といった大人が全体との比較の中で個人を評価するからです。だから子どもたちは、その評価に喜びを見出そうとすることになります。

テストが何点で学年1位、50メートル走が何秒でベストテン入り、習字や珠算で段位を取得。他者より抜きん出た結果を喜ぶ子どもたち。当然、テストの点数が最下位の子どもや、走るのが遅い子ども、習い事の級が上がらない子どもと喜びを分かち合うことはないでしょう。

絵画コンクールで金賞受賞、造形作品が市の文化祭に出品された、ピアノコンテストで最優秀賞になった、野球やサッカーで選手に選ばれた。他者より技量が優れているという理由で選ばれたことに喜びを表す子どもたち。コンテストに出場すらできなかった子どもや、補欠にすらなれなかった子どもと喜びを分かち合うことは

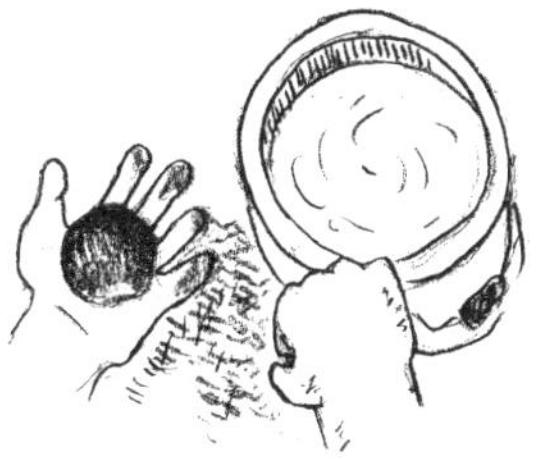

ありません。

「でも、運動会や合唱コンクールでは、喜びを分かち合っている場面を見ますよ」と反論する大人がいるかもしれません。けれど、それらもクラス対抗リレーで他のクラスより抜きん出たことや合唱コンクールで最優秀賞に選ばれたことをクラスメイトと喜び合っているだけのことですよね。最下位だったクラスと喜びを分かち合うなんてことはしないでしょう。

それに、僕は何人も出会ってきました。クラス対抗リレーに勝ちたいクラスメイトたちから、「お前が来ると勝てねぇから、運動会、絶対来るなよ」と排除された子に。合唱コンクールで勝ちたいクラスメイトたちから、「あんたが歌ったら勝てないから、口パクにしてよね」と言われ続けた子に。

一方、自由な遊び環境を提供している「たごっこパーク」の子どもたちは、常に喜びを分かち合おうとしています。

いつも遊びに来ている三人の女の子が泥団子を作っていました。そこに初めて遊びに来た女の子が寄っていきます。三人はすぐに声を掛けました。

「一緒にやる？」

嬉しそうにうなずくお初の子。そのあとは四人で楽しげに、そして真剣に泥団子づくりのコツを教え合っていました。

「お水をもうちょっと多くすると固まるよ」

「お砂をかけるとスベスベになるよ」

四人みんなの泥団子だから、どれもスベスベまん丸になると喜びは4倍になるのでしょう。でもここに、僕らが「光る泥団子選手権」なんてイベントを持ち込んだら、たちまち、この光景はなくなっちゃいます。自分の隣にいる子は、喜びや楽しみを分かち合う仲間ではなく、競争相手になるからです。コツを教えたら、自分が最優秀賞を取れなくなるかもしれません。だから、自分だけの喜びを求めて、大人に高く評価されるような泥団子づくりに取り組むことになるのです。

木登りでも同じです。木登りの得意な子は、ひとりで一番高いところに登り、「やっほー」と叫ぶことに喜びを求めたりはしません。仲間を誘って木登りをするのです。そして、上手に登れない子にコツを教えます。

「この枝につかまるといいよ」

「そうそう、そこに足を掛けて」

みんなが登れるようになったら、木登り名人の称号は返上することになります。けれど、それでいいのです。みんなが登れるようになったほうが楽しいのです。公園を見下ろす爽快感を仲間と分かち合ったほうが喜びは大きくなるのです。

ベーゴマ名人の振る舞いは見事です。勝ち負けを争うベーゴマですが、どこぞのオリンピック選手みたいに、1番であり続けることに価値を見出そうとはしません。うまく回すコツを惜しげもなく伝授します。みんなが上手に回せるようになったほ

子どもたちがよく登る木。秘密基地になることもある。

うが楽しいのです。みんなの技量が上がり、時々、自分が負けるようになると、さらに笑顔になるのです。

「やったじゃん！　今のすげぇ強かったね」

自分を負かせた相手を褒め称えます。

「リュウジが教えてくれたコツのおかげだよ」

相手の子が返します。喜びの分かち合いです。

ここでも、僕らが「ベーゴマ大会」という企画にしてしまうと、こうした関係性が台無しになるでしょう。

「お前の全然、回ってねぇじゃん」

「べつに。本気じゃねぇし」

「うわっ、言い訳してるよ」

「てか、今のズルだろ」

「あいつ、入ってこないほうがいいよな」

そんなやりとりが生まれてしまうことが容易に想像できます。遊びをイベント化したり、コンテスト化したりすると評価を求め、優劣を付けたがり、下手な子を排除するようになります。そう、いじめの構図と一緒なのです。

習い事

子どもたちが外で群れて遊んでいる姿を本当に見なくなりました。ある日訪ねた公園では、そこかしこで子どもたちが電子ゲームに興じていました。

ある日、僕らの活動に参加したいとお母さんと小学3年生の女の子が遊びに来ました。お母さんが「うちの子は全然外で遊ばないんですよ。お友だちも少なくて」と言います。しばらくして、ひとりで廃材工作を始めた女の子の隣に座り込んで、聞いてみました。

「放課後は何してるの?」

「ペン習字とスイミングと英会話と学習塾」

笑い話にもなりません。遊ばないんじゃなくて、遊ぶ時間が与えられていないのです。

どの子に聞いても似たり寄ったりの放課後です。そして、多くの場合、親の認識と子どもの思いに隔たりがあります。親に「いくつも掛け持ちで、お子さん、大変ですね?」と聞くと、「ねぇ。やめてもいいよって言ってるんですけど。何が楽しいのか、本人が行きたいって言うものですから」と言います。でも、当の子どもたちに聞くと「面倒臭い」「行きたくない」「嫌々行ってる」と答えます。

あるとき、一緒に焚き火を囲んでいる小学6年生の女の子に聞いてみました。

「やめたい習い事ある?」

「ん〜英語だなぁ。あと塾。できればそろばんも。あ〜ピアノもやめたいかなぁ」

「それって全部じゃん!」

隣にいた友だちがツッコミを入れました。こうした状況の合間に遊ぶとなると、電子ゲームやカードゲームが中心になってしまうのも無理はありません。

遊びを通して

仲間との外遊びは子どもたちの発達にとって欠かすことのできないものです。子どもにとっての遊びの効用は古今東西、さまざまな学者や臨床家によって指摘されています。遊びを通してルールを覚えたり、仲間と協力することを覚えたりするので、社会性が身に付くと言う人がいます。創造性が養われると言う人もいれば、脳が発達すると言う人もいます。自然への好奇心や冒険心が育まれると言う人もいます。体力が付く、身体能力が向上するという指摘もあります。

野山を駆け巡ったり、川や海で泳いだり、木に登ったり、高いところから飛び降りたり。自然を相手に、仲間と共に、時間を忘れて夢中になって遊ぶうちに、確かに子どもたちはそれらの発達を手に入れていくことでしょう。

ただ、僕らは、遊びから得られるそうした効用を子どもたちに与えるために、「たごっこパーク」という外遊びの環境を提供しているわけではありません。遊びというのは、あくまでも遊びです。辞書で「遊び」と引くと「遊ぶこと」と書いてありました。楽しいから遊ぶ。遊びたいから遊ぶ。それ以上でもそれ以下でもないんです。

遊んでいる子どもたちは、「遊びを通して社会性を身に付けたいなぁ」とか、「身体能力を高めたいなぁ」とか思っているわけではありません。それなのに、今は遊びにも地域の大人の意図や親の思惑が入り込むようになっています。遊びを通して子どもたちがいろんなことを学んだり、培ったりしてほしいと願うがゆえに、遊びの持つ本質を摘み取ってしまうのです。

社会性が身に付く、好奇心が旺盛になる、体力が高まるというのは、子どもたちが自由に遊んだことの結果でしかありません。初めから結果を求めて大人が子どもを遊ばせようとすると、ろくなことになりません。

遊びの場

知人が運営していた遊び場では、伝承遊びを教えたいと剣玉名人が来てくれるようになったそうです。手取り足取り熱烈な指導をしたそうです。その結果、どうなったか。知人は意気消沈して、「小学校高学年以上の子どもが誰も寄り付かない遊び場になっちゃったんです」と報告してくれました。当然です。子どもたちからしたら、自分たちがやりたい遊びができなくなってしまったわけですから。遊びまで大人に指導されたり、評価されたりするようになり、子どもたちにとってはもはや、「遊び場」ではなくなってしまったのでしょう。

野外遊びと称したイベントを見に行ったことがあります。指導者が森の中での遊びを子どもたちに仕掛けていました。子どもを自然に導こうという意図のプログラムがいくつも用意されていました。「たごっこパーク」にいつも参加している小学3年生の女の子が僕を見つけ寄ってきました。

「ねぇ、たっちゃん。これ、いつになったら遊べるのかなぁ」

僕の娘が通っていた小学校では、失われてしまった異年齢遊び、外遊び、伝承遊びを子どもたちにと、1年生から6年生までの縦割り集団を作り、凧作りと凧揚げをやっています。凧作りでは、上級生たちがなんともつまらない顔をしていました。教員や地域ボランティアに指示されるからです。

「タイチさん、1、2年生の面倒をちゃんと見てあげて」

「ワカナさん、使わない道具は片付けておいて」

迎えた凧揚げの日は、会場の河川敷がほぼ無風状態でした。凧糸を持って走っているときだけ、頭上程度の高さに凧が揚がり、立ち止まると凧は地面に落ちてしまいます。凧が全然、風に乗らないので、つまらなかったのでしょう。鬼ごっこを始めた子どもたちがいました。それを見つけた教員が叱りました。

「おい、そこっ。今日は凧揚げの日だろっ！」

どれもこれもなんか変ですよね。遊びは遊びなのです。イベントでもなければ、ましてや教育ではありません。子どもたちが自由に過ごすのが遊びです。やりたいことに夢中になるのが遊びです。大人の思惑を絡めながら、大人が子どもを遊ばせるというのは、もはや遊びではありません。

遊びはあくまでも遊び

「たごっこパーク」では時折、こんな場面があります。我が子を遊ばせようと連れてきたお母さんが、木登りをする子どもたちを見つけ、「ほら、ヨウイチも木登りしてごらん」と促します。いかにも連れてこられたという感じのヨウイチは、当然のことながら気乗りしない様子です。「ほら、早くやってみなさい」「せっかく連れてきてあげたんだから」。ヨウイチは渋々、枝に手を掛けるものの、登りたいと思ってないので、なかなか登れません。

「もう、そっちの枝じゃなくて、こっちに足を掛けて」「ほら、お兄さんがやってるの、よく見てみなさい」。ヨウイチ、ますます気持ちが沈みます。そこへお母さんがとどめを刺します。

「もう、遊びたくないなら帰るよっ！」

言っちゃいました。こうなると完全に遊びではなくなってしまいます。子どもたちは仲間との外遊びを通して確かに社会性を育み、創造性を培い、身体能力を高めます。でも、それを大人の思惑で目的化してしまうと、その効用をきっと阻害してしまいます。遊びはあくまでも遊びなのです。

つながり続ける

「たごっこパークでは、子どもたちに『ゲーム持ち込み禁止』とかしていないんですね？」

子どもたちが焚き火やドラム缶風呂を楽しみ、のこぎりやかなづちを自由に使って廃材工作をし、4メートルほどの高さの土手から川に飛び込んでいる傍らで、ちらほら電子ゲームをやっている子もいる光景を意外に思うのでしょう。昭和の光景を彷彿させるような遊び場を見学したいと多くの方が視察に訪れては、この質問をされます。

過日は子どもたち向けの環境教育をされている方が来られました。「うちの野外キャンプでは、ゲームやスマホの持ち込みは禁止にしているんです」と言い、やはりゲームについての質問をされました。僕はいつも逆質問をします。「その質問をされるってことは、ゲームは子どもに良い影響を及ぼさないと思ってるんですよね？」

どの方もゲームが子どもに及ぼす悪影響をあれこれと挙げます。僕はそうした答えを聞いて、こう返しています。「だからこそ、ゲームの持ち込みを禁止していないんですよ」。みなさん、「えっ⁉」「んっ？」という表情をされます。そして、こう言葉を続けます。

ゲームにはない魅力

「ゲームが子どもの発達に悪い影響を及ぼします。そのことに僕も大いに同意します。けれど子どもたちには、ゲームに没頭せざるを得なくなった事情があると思うんです。ある子は家に帰ってもひとりぼっちで、ゲームしか時間を埋めてくれないのかもしれません。ある子は学校での勉強が苦手で劣等感を抱え、得意なゲームだけが自己肯定感を満たしてくれるものなのかもしれません。ある子は同級生に排除されていて、仮想空間の中にだけ『友だち』がいるのかもしれません。そんな子どもたちにこそ出会いたいのです」

「たごっこパークは野性的に遊びまくる場所です。だからゲームの持ち込みは禁止ですなんてルールを設定したら、ゲームの世界にのめり込んでいる子どもたちに出会うことができません。だから、持ち込み自由なんです。出会って、日々を重ねながら、なぜ、この子は自由に伸び伸びと遊べる場所なのに、ゲームに没頭しているんだろうと観察をします。そして、その言動からこんな背景やあんな理由があるのかもって思いを巡らせます。その上で、ふれあう距離を詰められないか試みます。それでも『たごっこパーク』に来ているのだから、ゲームにはない魅力を遊び場に感じているんだろうなと思いながら」

「そうやって、本当の意味で『たごっこパーク』の仲間になるように引き込んでいくのです。すると、『家だと1日1時間とか制限されるけど、ここならずっとやってられるからラッキー』と言っていた子どものゲーム時間が減ってきます。そして、いつしか、ゲームを持ってきているのに、カバンにしまったままという感じになっていきます」

仲間がいる

こんなこともありました。「たごっこパーク」は、雨天中止がありません。泥遊び、ダムづくり、雨中サッカー。雨の日には雨の日にしかできない遊びがあるからです。また、雨の日は木々の間にブルーシートの即席屋根を設置します。その下で焚き火ができるようにしてあげるのです。

とはいえ、さすがに土砂降りの雨では、常連以外の幼児や小学校低学年生はあまり来ません。そんな日でも来るのが思春期の子どもたち。「うわぁ濡れたぁ」とひとり、またひとりやってきて、ズボンを着替えたり、焚き火で乾かしたりしたあとに、カバンから取り出すのはゲーム。おもしろいなぁといつも眺めています。

だって、ゲームを楽しむためには、あまりにも不適切な環境なんですから。強い風が吹けば雨が入り込んでくるし、焚き火の煙が目に染みるし、灰がゲームの画面に降りかかります。ゲームを快適に楽しむなら、誰かの家に集まればいいのにって思うんです。

でもゲーム三昧ではないんですね。子どもたちは時折、ゲームの手を休めて仲間と談笑したり、「そういやぁ、たっちゃん、この前のテストね…」なんて話し掛けてきます。妻が「雨の日特別のお魚焼けたよー」と声を掛けると、待ってましたとばかりにパクつきます。こんな過ごし方をする思春期の子どもたちは、どの子も小学生のときから遊びに来ています。そして、その頃はゲームなんかやらず、川遊びや木登りに夢中になっていました。こんな過ごし方をする子どもたちを眺めながら、ここが居場所になったんだなぁと思ったりもします。

たごっこパークは雨天決行。雨の日には雨の日にしかできない遊びがある。

「母性性」で子どもを包む

児童精神科医・佐々木正美先生との出会いは、子どもの遊び場づくり・若者の居場所づくりの根幹をなすことになりました。そのまさに根となり、幹となっている学びのひとつが「母性性で子どもを包む」というものです。

「母性性というのは相手に安らぎを与える力、相手を受容する力、そのままでいいんだよって言ってあげられる力です」と佐々木先生。それに対し父性性は、「こうしなきゃいけません。こうでなくちゃダメでしょ、というもの。約束を破ったり、努力を怠ったりすれば、叱られたり罰せられるのだと教えるのです」と言われました。

母性性と父性性の違いは、漠然と理解をしていましたが、「なるほど！」と合点したのが、「大切なのはバランスより順序です」という言葉でした。母性的な養育が充分になされたあとでなければ、父性的な「これはいけません。あれをしなさい」という教えは伝わらないのだということです。

遊び場でもそうしたことが観察されます。タクミのお母さんは、四六時中、指示を出したり、干渉したりしています。

「のこぎりはそうじゃないでしょ。こっちの手でこう持ちなさい。ほら、ヒロミが使いたがってるでしょ。貸してあげなさい」

そう言われ続けているタクミは、道具を粗末に扱うことが多く、他の子どもと揉めることもよくありました。タクミが聞く耳を持たなかったのは、お母さんが父性的に接していたからなのです。

佐々木先生がこんなお話をされました。

「お母さんたちからよく『うちの子はほんとに自分勝手で、私の言うことを聞かないんです』とご相談を受けます」

僕らもお母さんたちのそうした嘆きをよく聞きます。そうした相談を佐々木先生はこう解説します。

「このご相談は、親として恥ずかしい相談なんです。それは、お母さんが『私は子どもの言うことを聞いてあげたことがありません』と告白しているようなものだからなんです。お母さんが安らぎを与えながら、子どもの話に耳を傾ける。そして子どもが望むようなことをしてあげる。そうすると子どもは、大好きなお母さんの言うことを聞こうという風に育っていくんです」と佐々木先生。

遊び場の中で、子どもたちにいろいろと聞かれます。「たっちゃん、このロープ使ってもいい?」「みっきぃ、ナイフってどこにある?」

佐々木先生の話を聴くまで、粗末な使い方はしないだろうね、という疑いを込めながら「ロープ、何に使うの?」と逆質問をしていました。いつもどこかに放置しちゃうから困るんだよなぁ、という嘆きを込めながら「使ったあと、ちゃんと工具箱に片付けられるなら貸してあげる」と条件を付けていました。

佐々木先生のお話を聴いて、どんな遊びを繰り広げるのか楽しみだなぁ、というまなざしを向けながら「ロープ使っていいよー」「ナイフはここだよー」と伝えることにしました。そんな日々を重ねたある日、子どもたちが基地づくりを始めました。

「たっちゃん、ブルーシート使っていい？」

「いいよー」

「みっきぃ、ここにある竹、持ってっていい？」

「いいよー」

夕方、帰り支度を始めた子どもたちに聞かれました。

「最後の日に片付けるから、基地、作りっ放しでいい？」

「いいよっ！」

明るく返したものの、流石に後片付けの役目が回ってくるかもなぁと思いながら、見送りました。

3日連続開催の最終日の夕方、「みっきぃ、たっちゃん、帰るねぇ」と子どもたちが自転車で去っていきました。さぁて、基地の後片付けをしようかなと林に向かうと、跡形もありません。妻がブルーシートや廃材の置き場を見に行きました。基地づくりに使ったブルーシートはきれいに折り畳んでしまわれていました。

母性性で子どもを包むと、父性性は発揮しなくても済むほどに子どもは育つんだねと妻としみじみ話しました。きれいな夕焼け空でした。

安らぎがない環境

佐々木先生はこんな話もされました。

「数多くの非行少年少女たちに向き合いました。その子たちが育った家庭には、母性性が欠落していると本当に感じます。厳しい父親がいる家庭で育った子どもたちが非行に走る事例を数多く目にしてきました」

調べてみました。法務省の少年院入所に関する統計と国勢調査から計算すると、少年院に入る子どもの割合は、両親がいる家庭より父子家庭のほうが10倍以上高いのです。統計の出所が違うので誤差はあるでしょうが、大きな差があることは確かです。父子家庭のお父さんがみんな父性性を強く出しているわけではないでしょう。けれど、どうしても母性性が薄れ、安らぎがなくなりがちになるのでしょう。

では、母子家庭の場合はどうでしょうか。実は母子家庭も両親がいる家庭より、子どもが少年院に入る割合が数倍高いのです。お母さんだけの家庭だからといって、母性性が保たれるわけではないようです。佐々木先生が解説してくださいました。

「母子家庭になったとき、物理的に失われるのは父親なんですが、本質的な意味で失われるのは母性性なんです」

また、「なるほど」と唸りました。母子家庭になると、お母さんはひとりで我が子を立派に育てようと頑張り、良かれと思って、「こうしなきゃいけません。こうでなくちゃダメでしょ」という父性性の強い子育てをしがちになるのでしょう。ひとり親家庭で子どもたちが大小様々に起こす「不適応行動」は、母性性に包まれた安らぎのある場を求めての行動なのかもしれません。

離婚率の高さから母子家庭が増えました。父親の単身赴任や超過勤務などによる実質的な母子家庭も少なくないでしょう。だから、全国各地から呼んでいただく講演会で、いつも佐々木先生の教えを伝えています。

「お母さんは優しいだけでいいんですよ」

学校は父性原理の塊です。挨拶、服装、授業態度、清掃、帰宅時間、宿題、テスト勉強…。「あれしなさい、これはダメです」だらけです。放課後の学童保育、塾、習い事、スポーツクラブもまた然り。

家庭にも、学校にも、地域にもない安らぎを求めて、子どもたちは「たごっこパーク」や「おもしろ荘」にやってきます。だから、女性である妻だけでなく、男性の僕も母性性を発揮するということを意識しています。安らぎを与えながら、温かく受容し続けたいのです。「保母さん」という呼び名が、今は男女共同参画の観点から「保育士」に変わりましたが、意識としては、温かみのある「保母さん」のような感覚で子どもたちとの日々を送りたいのです。

あとがき

本書を最後まで読んでいただき、ありがとうございました。

2004年、県庁を辞めて、NPO法人を立ち上げたものの、活動資金は何もありませんでした。数百万円の退職金がありましたが、県職員だから借りられていた実家の住宅ローンを一括返済しなければならず、一晩で消えました。

日々の生活を維持するために様々なアルバイトをしました。妻は看護師の資格を生かして訪問介護入浴の仕事をしてくれましたが、僕には何の資格もありません。早朝はスーパーの品出し、昼間は都市計画づくりのための調査員、夜はコンビニ向けの弁当づくり。週末はテーマパークでのアトラクションスタッフ、夜はラブホテルのベッドメイキング。半年先まではなんとかなりそうな生活資金ができたところで、バイト生活をいったん終了。底をついたら、また再開すればいいと、子どもの遊び場づくりを本格的に始めました。結局、そこから17年間、バイト生活に戻ることなく、市民活動に専念できています。

これは、本当に多くのみなさんから活動を支援していただき、我が家の暮らしも援助していただいたおかげです。象徴的なのは、お米をここ15年間、購入したことがないことです。我が家の米櫃《こめびつ》はインターネットで生配信されているのかと思うぐらいに、底が見えてくると誰彼ともなくお米が届くのです。これまでの活動をこうして本にまとめることができたことは、みなさんの支えに対する恩返しにもなったかなと思います。ありがとうございました。

とはいえ、この17年間、ずっと非課税世帯として暮らしています。外食などもってのほか。春は来る日も来る日も食卓のおかずは自分たちで摘んできたヨモギだったときもあれば、近くのうどん屋が開店記念として企画した1カ月500円で食べられる素うどんを毎日食べ続けたりもしました。そんな暮らしを受け入れてくれた家族に改めて頭を下げたいと思います。

この本に収めた文章は『げ・ん・き』（エイデル研究所）の2015年5月号から2021年5月号までの6年間に「子ども環境へのまなざし」として連載したものが基になっています。この連載は、一般社団法人TOKYO PLAY代表理事の嶋村仁志くんから引き継ぎました。「心が折れるより、骨が折れるほうがましだ」。イギリスのプレイパークの理念を嶋村くんから聞いたのはもう15年近く前になるでしょうか。遊び場づくりから居場所づくりへと移行しつつあった活動での羅針盤になりました。連載は、その時々の子ども・若者との関わりを見つめる機会を与えてくれました。ありがとうございました。

『げ・ん・き』での連載は毎号、編集者の長谷吉洋さんとの書簡のようなやりとりを経て生まれました。こんな切り口で活動を論じてみてはと新たな視座をいただいたり、励ましや称賛で筆を進めさせてくれたり。連載が続き、「書籍化しませんか」と声を掛けていただき、本当に嬉しかったです。ありがとうございました。

書籍化にあたっては、杉山拓也さんが本当に粘り強く、編集作業をしてくれました。遅々として作業が進まない時期でも見捨てることなく背中を押し続けてくださったおかげで、この本を世に送り出すことができました。書籍化には山添路子さんをはじめ多くの方も制作に携わってくださいました。みなさんに心から感謝申し上げます。

出版にあたり、田中康雄先生が感涙の帯文を書いてくださいました。感謝感激です。「幻想ではなく、希望」という言葉に向き合い続けていきます。

最後に、この本は僕の著書として発行されますが、本当は妻・美樹との共著として世に送り出したい気持ちでいっぱいです。確かに書き記したのは僕ですが、『げ・ん・き』連載においては、いつも原稿の査読をしてもらいました。何より、この本に書いた題材はどれも妻との二人三脚の歩みの中で生まれたものばかりです。心からありがとう。

妻・美樹に愛を込めて　2021年8月　渡部達也

渡部達也（わたなべ たつや）

1965年、静岡県三島市に生まれる。市民だからできることの可能性を信じ、まちづくりという夢を追い求め続けるために、16年余り勤めた静岡県庁を2004年夏に中途退職。同年秋、NPO法人ゆめ・まち・ねっとを愛妻・美樹とともに設立。現在は、静岡県富士市において、隔週末開催の「冒険遊び場たごっこパーク」と旧東海道沿いの空き店舗を活用した「子どものたまり場・大人のだべり場／おもしろ荘」を軸に、子どもたちの居場所づくりに取り組んでいる。

子どもが地域で自由に豊かに遊ぶことが当たり前の社会になり、そして、どんな仕事よりも子育てが最も尊い仕事なんだという認識が社会に広まり、ゆめ・まち・ねっとのような活動が必要なくなる社会を築きたいと夢見る日々。

子どもたちへのまなざし

心情を想像し合い 積み重ねてきた日常 切れ目のない関係性

2021年9月28日　初刷発行

著者　渡部達也
発行者　大塚孝喜
発行所　株式会社エイデル研究所
〒102-0073
東京都千代田区九段北4-1-9
TEL　03(3234)4641
FAX　03(3234)4644

ブックデザイン　株式会社デザインコンビビア（大友淳史）
イラスト　株式会社デザインコンビビア（堀　明美）
撮影　ホリバトシタカ
門田彩子
印刷・製本　中央精版印刷株式会社

落丁・乱丁本はお取替えいたします。
定価はカバーに表示してあります。

ISBN 978-4-87168-669-3　Printed in Japan